Cook fait sa provision d'eau douce avec les Glaces de l'océan

COLLECTION

ABRÉGÉE

DES VOYAGES

FAITS AUTOUR DU MONDE

PAR LES DIFFÉRENTES NATIONS DE L'EUROPE
DEPUIS LE PREMIER JUSQU'À CE JOUR.

RÉDIGÉE PAR M. BERENGER.

Avec Figures.

TOME SEPTIÈME.

A PARIS,

Chez LEJAY fils, Imprimeur-Libraire, rue
de l'Echelle Saint-Honoré.

1790.

COLLECTION

DE TOUS LES VOYAGES

FAITS AUTOUR DU MONDE

PAR LES DIFFÉRENTES NATIONS
DE L'EUROPE.

PREMIER VOYAGE
DE JAQUES COOK.

AVERTISSEMENT.

CE voyage eſt rempli de faits intéreſſans, & en l'extrayant on a tâché de lui faire perdre le moins qu'il eſt poſſible; on ſent que le navigateur Cook, a eu des ſecours dont étaient privés ceux qui l'ont précédé dans la même carriere : les favans Banks & Solander s'embarquerent avec lui, & ont enrichi fon journal de leurs obfervations. Le premier eft aujourd'hui préfident de la fociété royale de Londres ; il était avide de connaiffances, aimait la gloire, & fur-tout celle qui était utile à fa patrie. Le fecond eft un Suédois, éleve de Linnæus, & c'eft dire en quel genre de connaiffances il excellait. Laiffons parler notre célèbre voyageur.

Jé reçus ma commiffion le 25 Mai 1768, & montai fur le vaiffeau l'*Endeavour*, qui était alors dans le baffin de Deptford ; il ne fut prêt à mettre à la voile que deux mois après. Je defcendis la riviere le 30 Juillet, & jetai l'ancre le 13 Août, dans la rade de Plymouth. Nous en partîmes par un vent favorable. Peu de jours après, des oifeaux que les navigateurs Anglais appellent, les *poules de la mere Carey*, nous préfagerent une tempête : elle fe déclara bientôt, & nous força de ne conferver que nos baffes-voiles : elle nous emporta un petit bateau, & noya trois ou quatre douzaines de volailles que nous regrettâmes plus que le bateau.

Le 2 Septembre, nous vîmes la terre entre les caps *Finifterre* & *Ortegal:* les jours fuivans nous obfervâmes quelques animaux marins finguliers : tels étaient une efpèce d'*Onifcus*, attaché à une Medufe ; un animal de figure angulaire, long de trois pouces, traverfé de part en part par un trou, ayant à fes extrêmités une tache noire qu'on crut être fon eftomac : quatre de ces animaux fe tenaient enfemble quand ils furent pris, & femblaient n'en former qu'un ; mais lorfqu'on les eut jetés dans un verre d'eau, ils fe féparerent & nagerent avec vivacité : leur couleur femblable à la pierre précieufe nommée *Dagyfa*, leur fit donner ce nom : ils s'attachent enfemble, & brillent des plus belles couleurs. On en prit une autre efpece qui reffemblait à l'opale, & on lui donna le nom de *Carcinium opalinum :* l'un d'eux vécut plufieurs heures dans un verre plein d'eau de mer, nageant avec la plus grande agilité, & déployant à chacun de fes mouvemens les couleurs les plus vives & les plus variées. Nous prîmes auffi divers oifeaux que Linnæus n'a pas décrit ; on leur donna le nom de *Motacilla velificans :* l'un d'eux était fi fatigué qu'il mourut entre les mains de Mr. Banks.

A 3

Le 12, nous découvrîmes les isles de *Porto-Santo* & de *Madere ;* nous jettâmes l'ancre le lendemain dans la rade de *Funchal* où nous perdîmes notre contre-maître ; en relevant l'ancre pour la porter plus au midi, le cable le jetta dans la mer & il fut entraîné avec l'ancre ; on la releva promptement, mais trop tard encore ; le corps remonta fur l'eau embarraſſé dans le cable ; il était ſans vie.

L'isle de *Madere*, vue de la mer, préſente un très-bel aſpect : les flancs des collines ſont couverts de vignes juſqu'à la hauteur où l'œil peut diſtinguer les objets ; ce n'eſt que dans les lieux qu'elles ombragent & ſur les bords des petits ruiſſeaux, qu'on voit de la verdure : Mr. *Cheap*, conſul Anglais, nous reçut à *Funchal*, avec l'amitié d'un frere & la généroſité d'un prince ; il nous logea, nous procura toutes les commodités poſſibles, & la permiſſion de rechercher les curioſités naturelles qui nous plairaient, fit pêcher, ramaſſer des coquilles, fournit des chevaux & des guides pour viſiter les différentes parties de l'isle ; mais notre ſéjour y fut court, & ce n'était la ſaiſon ni des plantes, ni des inſectes ; le docteur *Heberden* nous procura des, plantes en fleur, des obſervations botaniques, une deſcription de tous

les arbres du pays : on s'informa du bois d'é-
benifterie, nommé à Londres *Mahogani de
Madere ;* on ne l'y connaiffait pas, & le feul
arbre qui puiffe être envifagé comme le mahogani, eft le *Vigniatico* ou *Laurus indicus*
de Linnæus, mais la couleur de celui-ci eft un
peu moins foncée que celle du premier.

Il paraît que Madere eft fortie ancienne-
ment de la mer, par l'éruption d'un volcan ;
toutes les pierres y paraiffent avoir été brûlées, & le fable qui couvre fon fol n'eft qu'une
cendre. Son feul objet de commerce eft le vin ;
on le fait d'une maniere bien fimple ; on jette
le raifin dans des vaiffeaux de bois quarrés,
plus ou moins grands, felon l'étendue des vignobles : les valets entrent nuds dans la cuve &
foulent le raifin avec les pieds & les coudes,
alors on les porte au preffoir : les habitans n'ont
adopté que très-récemment la méthode de gref-
fer les feps pour donner à un vignoble la même
efpèce de fruit ; beaucoup s'y refufent encore,
quoique fouvent toute une vendange foit gâtée
par la quantité de fauvageons qu'ils ne veulent pas en féparer pour avoir plus de vin. Cependant ils greffent les arbres fruitiers & même
le châtaignier. On n'y voit pas de voitures à
roues, parce qu'il n'y a pas de chemins pra-

ticables, on ne s'y fert que de chevaux & de mulets ; la vendange eft mife dans des outres qui font portées à la ville fur le dos des hommes : les Anglais qui y ont introduit l'ufage des grands tonneaux, les font tranfporter fur une planche épaiffe, creufée dans le milieu, au bout de laquelle eft un timon attaché par une courroie de cuir blanc. Le fol y eft riche, la plaine & les montagnes ont des climats fi différens que la culture y peut faire profpérer toutes les productions de l'Europe & des deux Indes : les montagnes y produifent & prefque fans foins, les noix, les châtaignes & les pommes en grande abondance : on trouve dans les jardins de la ville, le bananier, le goyavier, le pommier à pain, l'ananas, le mangouftier ; ils y fleuriffent & y donnent leurs fruits prefque fans qu'on les cultive ; le bled y eft beau, gros, excellent ; l'isle en pourrait produire beaucoup, mais il en coûte moins de peine aux habitans de le faire venir d'ailleurs ; le mouton, le porc & le bœuf y font très-bons ; le bœuf y eft plus petit qu'en Angleterre, ceux qui font gras ont la chair blanche.

Funchal, tire fon nom de *Funcho*, nom portugais du fenouil qui y croît fur les rocs : elle eft fituée au fond d'une baie, elle eft

grande & mal bâtie: les maisons des riches y
font vastes, celles du peuple·fort petites; les
rues en font étroites & mal pavées; les égli-
fes font chargées d'ornemens; les tableaux en
font mal peints, les ftatues des faints y font
ornées de deutelles. Le couvent des francifcains eft fimple & très-propre; l'infirmerie
peut y fervir de modèle: c'eft une longue
falle: d'un côté font les fenêtres & un autel,
l'autre eft partagé en alcoves proprement ta-
piffées, ayant chacune leur lit: derriere elles
eft une longue gallerie avec laquelle chaque
alcove communique par une porte. On voit
encore dans ce couvent une petite chapelle
dont les murs & les plafonds font revêtus d'of-
femens humains, mis en croix: chacun des
angles a une tète de mort; l'une d'elle eft
remarquable en ce que les mâchoires fupérieure & inférieure font parfaitement adhé-
rentes l'une à l'autre par un côté: il parat
qu'on en a nourri le fujet en faifant fauter
quelques-unes de fes dents. Ces francifcains
furent très-honnètes envers nous, & quoique
ce fut un jour de jeûne, ils nous offrirent un
dinde rôti; politeffe qu'on n'attendait pas de
ces moines. Les religieufes de Ste. Claire dé-
firerent de nous voir, parce qu'on leur avait

dit qu'il y avait parmi nous de grands philo-
fophes, & elles nous demanderent dans quel
jour le tonnerre voulait fe faire entendre, &
fi l'on ne trouverait pas une fource d'eau vive
dans leur enclos ; nos réponfes leur firent
penfer que nous ne méritions pas notre répu-
tation.

On compte dans l'isle 80000 habitans : la
douane y rend au roi 20000 livres fterlings,
tous frais payés : plus d'intelligence & d'activité dans les cultivateurs, doublerait facilement ce produit : mais ce fol riche eft négligé.
Les montagnes en font élevées : cependant la
plus haute, le pic *Ruivo*, n'a que 5068 pieds :
leur pente eft couverte de vignobles, elles font
couronnées d'immenfes bois de pins & de châ-
taigniers ; vers le fommet font des forèts d'arbres inconnus en Europe : tels font le *Mir-
mulano* & le *Paobranco*, dont les feuilles,
& furtout celles du dernier, orneraient nos plus
beaux jardins d'Europe. On peut trouver dans
cette isle, de l'eau, du vin, différens fruits,
des oignons, des confitures : il faut avoir la
permiffion du gouverneur pour y acheter de
la viande fraiche, de la volaille, & elles y
font à haut prix : les grandes marées s'y élevent de fept pieds, les baffes de quatre. Après

'y avoir pris quelques provisions, nous en partîmes la nuit du 18 au 19 Septembre.

Le 21, nous reconnumes les isles *Salvages*, au nord des Canaries; & deux jours après nous vîmes le pic de Teneriffe: le docteur Heberden qui y est monté, en a déterminé la hauteur à 15,396 pieds: lorsque le soleil fut sous l'horison, l'isle nous parut d'un noir foncé, & la montagne éclairée encore paraissait enflammée, & d'une couleur plus vive que la peinture ne peut rendre. On n'en voit pas sortir de feux; mais on sent une chaleur très-forte dans les crevasses qui sont au sommet: le docteur nous donna du sel qu'il y avait recueilli, qu'il croit être le *natrum* ou *nitrum* des anciens, & du souffre natif très - pur qui en couvre la surface.

Le 24, nous vîmes *Bona Vista*, une des isles du cap Verd; une chaîne de rocs fit que nous nous en éloignâmes: on vit dans ces parages des poissons volans, dont les flancs avaient la couleur & le brillant de l'argent bruni, mais leur dos est obscur: nous prîmes un goulu de mer: c'est le *Squalus carcharias* de Linnæus. Le 7, Mr. Banks prit le poisson nommé par les marins, *Vaisseau de guerre Portugais*, c'est une espece de *Mollusca*; &

l'*Holothuria physalis* de Linnæus : il a la forme d'une veffie de poiffon longue de fept pouces, du fond de laquelle fortent un certain nombre de filets rouges & bleus, dont quelques-uns ont trois ou quatre pieds de long, & piquent plus fortement que l'ortie. Au fommet de la veffie eft une membrane veinée de couleurs agréables, dont l'animal fe fert comme de voile, en la tournant à fon gré pour recevoir le vent. Nous prîmes auffi de ces poiffons à coquilles, qui flottent fur l'eau : tels furent l'*Helix janthinæ* & le *Violacea :* ces coquilles font de la groffeur du limaçon, & font foutenues fur l'eau par une petite grappe de bulles remplies d'air, formées par une fubftance gélatineufe & vifqueufe, où l'animal dépofe fes œufs : il eft probable qu'il ne va jamais à fond, & qu'il ne s'approche pas volontairement des rivages ; car fa coquille eft très-mince & fragile : chacune contient à-peu-près une cuillere à caffé d'une liqueur que l'animal jette dès qu'on le touche, & qui eft du plus beau pourpre : ne ferait-ce point là, le pourpre des anciens ? On trouve ce teftacée dans la Méditerranée ; il femble qu'il ferve de nourriture à une efpece de *mouette à pieds noirs,* que Linnæus n'a ni décrit, ni

claffé, & dont les excrémens font d'un beau
rouge. Mr. Banks lui donna le nom de *Larus
crepidatus*.

Le 28, étant à-peu-près dans la pofition
de l'isle *Ferdinand de Noronha*, nous cherchâmes de l'œil cette terre ou quelques-uns
des bancs placés à fon levant, mais nous ne
vîmes rien : le lendemain nous obfervâmes
le phénomène de la mer lumineufe, dont on
a tant écrit, & dont on ne connaît point encore les caufes : les jets de lumiere reffemblent,
exactement aux éclairs quoique moins confidérables, fouvent il y en a huit ou dix de vifi-
bles dans le même inftant ; il nous parut que
ces effets finguliers étaient dûs à un animal
lumineux, & en effet, ayant pris au filet une
efpece de medufe, nous la trouvâmes de la
couleur d'un métal chauffé fortement, & qui
rendait une lumiere blanche : nous prîmes
auffi des crabes de trois efpeces différentes, dont
la groffeur n'était que d'un dixieme de celle
du ver luifant & lumineux comme lui : ils
font inconnus aux naturaliftes.

Le changement de couleur de la mer nous
fit jeter la fonde le 6 Novembre, on trouva
32 braffes, fond de rocher, de corail, de fable fin & de coquilles : trois fois nous fon-

dâmes & nous eûmes la même profondeur, le même fond, & le lendemain on n'en trouva plus à cent brasses ; sans doute nous avions passé du grand banc d'*Abrolhos*.

Le défaut de provisions nous fit tendre vers 'Rio-Janeiro, où nous étions assurés d'en trouver & d'être bien reçus ; bientôt nous vîmes la côte du Bresil, au sud du cap de *Santo-Spirito :* là nous rencontrâmes un bateau de pêcheur, monté par onze hommes qui pêchaient à la ligne : neuf d'entr'eux étaient noirs, ils avaient des dauphins, de grands maquereaux de deux especes, des brêmes, des welshmen ; on en acheta pour tout l'équipage : ces hommes pèchent à une grande distance des côtes ; ils salent leur proie par quartiers ; ils en avaient deux quintaux de salés, qu'ils offraient pour seize schelings ; ils préfèrent la monnaie d'Angleterre à celle d'Espagne ; un tonneau d'eau, un sac de farine de cassave, qui a l'apparence, le goût & le nom de *farine de bois*, formaient toutes leurs provisions ; ils retiraient l'eau de leur tonneau avec une canne qui faisait l'office du tâte-vin.

Après avoir découvert le cap *Saint-Thomas*, puis une isle voisine du cap *Frio*, qui par son élévation & le vallon qui la partage, pa-

raît être deux isles, on remonta la riviere de
Rio-Janeiro, tandis que mon lieutenant allait
vers le gouverneur pour lui demander un pilote, & la permiſſion de faire de l'eau & des
rafraichiſſemens ; le gouverneur n'envoya point
de pilote, retint le lieutenant, envoya des
eſpions, puis des officiers, qui s'informerent
de l'objet du voyage, d'où nous venions,
combien nous avions de canons & d'hommes :
tel eſt l'uſage dans ce port, où nul homme
ne peut ſortir, ne peut entrer dans un vaiſſeau
étranger, ſans être accompagné d'un ſoldat.
Je deſcendis cependant à terre, j'y pus acheter des proviſions, mais par le moyen d'un
des gens du vice-roi : un officier me ſuivait
par-tout, c'était un honneur, diſait-on. Je
voulus procurer à Mrs. Banks & Solander, la
permiſſion de chercher des plantes dans la
campagne, & ne pus l'obtenir ; pour diſſiper
tant de défiances, je dis au vice-roi que nous
faiſions voile vers le Sud, pour obſerver le
paſſage de Vénus ſur le diſque du ſoleil ; mais
il n'était pas aſſez inſtruit pour m'entendre ;
il crut qu'il s'agiſſait d'obſerver l'étoile du nord
au travers du pole du midi. Mrs. Banks & Solander voulurent eſſayer de ſortir du vaiſſeau ;
ils furent arrêtés, & obligés de revenir : un

bateau rodait fans-ceffe autour de nous pour nous obferver. On lui envoya des mémoires pour obtenir la permiffion qu'on en attendait, il n'y répondit que par des refus. Fatigué d'avoir un officier à mes côtés quand j'allais à la ville , & rentrais au vaiffeau, je ne voulus plus fortir; j'envoyai mon lieutenant Hicks, porter un nouveau mémoire, & en lui recommandant de ne point fouffrir qu'on mit de fentinelle dans la chaloupe, & le vice-roi ne voulut plus recevoir le mémoire. Mr. Hicks refufa d'entrer dans la chaloupe, parce qu'on y avait mis une fentinelle; il voulait qu'on l'en fit fortir; il fut renvoyé au vaiffeau fur un efquif & tous fes gens furent emprifonnés. Le vent ayant emporté notre chaloupe qui fe remplit d'eau, il fallut faire de nouvelles demandes au vice-roi, qui accorda un bateau pour retrouver la chaloupe & fa charge; il renvoya encore les gens de l'équipage, mais il fe plaignit qu'on cherchait à faire la contrebande: il était vrai en effet, que les domeftiques de Mr. Banks étaient allés furtivement à terre, & en avaient rapporté des plantes & des infectes, il était vrai encore, qu'un matelot avait vendu une partie de fes hardes pour une bouteille de rum.

Cependant

Cependant Mrs. Banks & Solander trouverent le moyen de defcendre à terre ; celui-ci profita de la demande qu'un moine fit d'un chirurgien & fe revêtit de cette qualité : le premier échappa à la vigilance des gardes pour fe répandre dans la campagne où il fut reçu avec honnêteté ; mais comme on nous avertit qu'on faifait des perquifitions contr'eux pour avoir débarqué fans permiffion , ils fe déciderent à n'y plus retourner.

Nous avions acheté diverfes provifions , du bœuf frais , des ignames , des légumes, & obtenu un pilote pour nous rendre en pleine mer ; nous partîmes ; mais en defcendant la riviere , la forterelfe de *Santa - Crux* tira deux coups de canòn fur nous : fur le champ nous jetâmes l'ancre pour en favoir la raifon ; nous la fûmes bientôt ; elle ne devait laiffer paffer aucun bâtiment fans en avoir reçu l'ordre , & le vice-roi avait oublié d'envoyer celui qui nous concernait. Nous ne fimes voile que le 7 Décembre ; notre pilote Portugais nous quitta en même tems que le bateau qui veillait fur nous, & Mr. Banks, libre de fe livrer à fes recherches, vifita les isles voifines, & dans celle qui eft à l'embouchure du havre de Raza, il raſſembla pluſieurs eſpèces de plantes & d'inſectes.

Donnons ici un précis de tout ce que nous avons pu apprendre de *Rio - Janeiro :* la riviere, qui eſt plutôt un bras de mer qu'un fleuve, porte ce nom parce qu'elle fut découverte le jour de la fête de St. Janvier : la ville eſt la capitale des Etats Portugais en Amérique ; elle eſt ſituée au bord du Rio - Janeiro, au couchant de la baie, au pied de pluſieurs montagnes qui s'élevent en amphithéâtre derriere elle : ſon ſol eſt plat ; elle n'eſt pas mal bâtie, ni le plan mal diſtribué ; les maiſons en ſont de pierres, à deux étages, ornées d'un balcon couvert par une jalouſie ; ſon circuit eſt d'environ une lieue ; les rues ſont droites, aſſez larges, coupées à angles droits : la citadelle eſt ſur un mont voiſin qui commande la ville. Un aqueduc qui reçoit l'eau des montagnes, l'y fait circuler dans des canaux qui ſe réuniſſent à une fontaine qui ſe trouve dans la grande place, vis-à-vis le palais du viceroi ; là chacun accourt pour s'en fournir, & des ſoldats veillent pour y maintenir le bon ordre ; l'eau en eſt mauvaiſe : on trouve quelques petits ruiſſeaux d'eau bien meilleure que selle - là, dans d'autres quartiers de la ville. Les églises y font belles, le culte y eft rempli d'oftentation : l'une des paroiffes fait chaque jour une proceffion où l'on étale des bannieres magnifiques & précieufes ; les coins des rues font remplis de mendians qui prient ; au-devant de chaque maifon il y a une niche vitrée où brûle une lampe, & où l'on implore quelque image de faint : on rebâtiffait une églife, & la paroiffe dont elle dépendait faifait chaque femaine, pendant la nuit, une quête en proceffion, qui lui fourniffait des fommes confidérables : enfans d'un certain âge, hommes faits, pauvres, riches y affiftaient, revêtus d'une cafaque noire, portant une lanterne au bout d'un bâton de fix à fept pieds ; c'était une illumination ambullante qui brillait de fort loin : les prieres des habitans devant leurs niches fe font avec un zèle fi véhément qu'on les entendait du vaiffeau.

Le gouvernement y eft mixte dans fa forme, abfolu dans le fait : un vice-roi, un gouverneur, un confeil le compofent ; le vice - roi préfide dans le confeil, fans lequel on n'exécute aucun acte judiciaire : cependant le vice-roi ou le gouverneur fe faififfent fouvent d'un

particulier, l'emprifonnent, l'envoyent à Lisbonne fans que fa famille fache ce qu'il eft
devenu. On compte dans la ville 37000 blancs
& 629000 noirs dont plufieurs font libres : les
Américains réfident dans l'intérieur des terres,
& viennent tour à tour faire le travail qu'on
leur impofe pour le compte du roi, dont ils
reçoivent un petit falaire : leur teint eft couleur de cuivre pâle, & ils portent de longs
cheveux noirs. Le militaire y eft compofé de
fix régimens Portugais, de fix Créoles, de
douze de milice nationale; les habitans font très-
humbles devant le foldat; ceux d'entr'eux qui
ne le falueraient pas en feraient puni fur le
champ : les officiers font obligés de fe rendre
trois fois par jour chez le vice-roi pour attendre fes ordres; il les renvoie en difant; *il
n'y a rien de nouveau :* les foldats veillent fur-
tout pour empêcher les particuliers de paffer
dans la campagne, les limites, que la crainte
qu'ils ne pénétrent dans les lieux où font les
mines d'or & de diamans, a fait prefcrire. Les
femmes n'y paraiffent pas févères; pour diftinguer les hommes qu'elles aiment, elles
leur jettent des fleurs lorfqu'ils paffent: cet
ufage n'eft peut-être qu'une politeffe, les

meurtres paraissent n'y pas être rares, & les églises y offrent un asyle aux criminels.

Le pays autour de la ville est très-beau ; les lieux incultes y sont couverts de fleurs éclatantes ; les arbres & les arbrisseaux y sont peuplés d'une multitude d'oiseaux du plus beau plumage, parmi lesquels on distingue le colibri : les insectes y sont nombreux, agiles, brillans ; tels surtout sont les papillons qui volent ordinairement autour du sommet des arbres : les bords de la mer & des ruisseaux sont chargés de petits crabes (*cancer vocans*), dont les mâles, dit-on, sont ceux qui ont de larges pattes ; les femelles les ont extraordinairement petites. Il y a peu de terres cultivées : on voit de petits jardins où l'on cultive la plupart des légumes d'Europe, mais ils sont inférieurs en bonté ; le sol produit des pommes de pin, des melons d'eau & des musqués, des oranges, des citrons, des bananes, des cocos, des manjos, des mainmaïs, des noix d'Acajou, des noix de palmier & des noix ordinaires, des jambos des deux espèces, & des dattes : les melons d'eau & les oranges sont les meilleurs de tous ces fruits : on trouve dans les jardins des ignames & du *Mandihoca* ou cassave : il y a quelques lieux où l'on cultive

le tabac , le fucre ; mais point de bled ; on leur
apporte la farine du Portugal ; elle eft gâtée
avant que d'y arriver, & elle y coûte un fcheling
la livre : toutes les productions des isles y prof-
péreraient, & on y apporte le caffé & le chocolat
de Lisbonne. Tout le terrein eft couvert de pâtu-
rages où paiffent de maigres troupeaux , & dont
la plante la plus commune eft le creffon : on y
trouverait diverfes drogues falutaires fi on favait
les y chercher : on n'y connaît que le *pareira
brava* & le *baume de copahu*, qui y font excellens
& a bas prix : on n'y voit d'autres manufactu-
res que celle des hamacs de coton qui y fervent de voitures, & y font fabriquées par les
Américains.

On tire beaucoup d'or des mines voifines,
mais on en cache la fituation avec des foins ex-
trèmes ; les gardes, les défenfes , la mort y ar-
rètent ceux que la cupidité preffe. On exporte
annuellement 40000 nègres qui fervent à ex-
ploiter ces mines pour le compte d'une compagnie : un grand nombre y périt ; & on nous affura qu'il en mourut un fi grand nombre en
1766,que la ville fut obligée de fuppléer à ceux
qui manquaient, & en fournit 20000. On ne
ramaffe dans les mines de pierres précieufes

qu'une quantité fixée par le gouvernement pour n'en pas avilir le prix : ce font des diamans, des topazes de trois efpeces, des améthiftes qu'on y trouve : on achete les topazes petites, ou grandes, bonnes ou mauvaifes, pour 4 shelings, 9 den. le huitieme d'une once. Nul fujet n'en peut faire le commerce ; toutes font travaillées & vendues pour le compte du roi : ce font aujourd'hui des efclaves qui les travaillent.

La monnaie courante eft celle de Portugal ; on frappe auffi dans la ville des pieces d'or, d'argent & de cuivre, qui valent le nombre de réaux marqués par le coin : dix réaux valent un fol & demi de France.

La côte de Rio-Janeiro eft fort élevée ; on en diftingue le port par un mont en pain de fucre qui s'éleve fur le rivage occidental, & mieux encore par les isles fituées vis-à-vis : l'une d'elles, nommée *Rodonda*, eft haute & ronde comme une meule de foin: elle eft à deux milles & demi de la baie. Le hâvre eft bon, l'entrée n'en eft pas large, mais il s'élargit en s'approchant de la ville ; & un vent de mer qui s'éleve à 10 heures & ne ceffe qu'à la nuit, donne beaucoup de facilités pour y entrer : le fond eft vafte, fa profondeur eft de 5 à 6 braffes, fon enceinte

peut renfermer la plus grande flotte ; fon entrée
eſt défendue par deux forts, *Santa Cruz* & *Lo-
zia*, élevés fur les deux rivages oppoſés ; ce dernier eſt fur un rocher dans la mer ; le canal qui
y conduit eſt étroit, & le flux & le reflux y font
violens ; le fond eſt de rocher, & il eſt dangereux d'abandonner le milieu du courant : devant
la ville eſt l'isle *des Cobras*, & c'eſt fur ſa côte
feptentrionale qu'on jette l'ancre.

Cette riviere ou golfe renferme une multitude de poiſſons d'eſpèces différentes, & pluſieurs
font abfolument inconnus des naturaliſtes : la
baie eſt propre à la pêche à cauſe de ſes isles
& pointes de terre : hors d'elle la mer abonde en
dauphins, en grands maquereaux ; les habitans
attachent un hameçon à leur bateau, & ils pêchent en navigeant.

Le climat y eſt très-chaud, mais fain : c'eſt
un bon lieu de relâche ; on y trouve toutes
fortes de rafraîchiſſemens, excepté du pain &
de la farine, auxquels on peut fuppléer par
des ignames & de la caſſave. Les habitans y
fâlent le bœuf en le coupant en tranches très-
minces qu'ils faupoudrent de fel & font fécher
à l'ombre : il fe conferve très-longtems dans
un lieu fec ; le jardinage & les fruits ne peu-

vent se conserver en mer : le rum, les sucres, des melasses excellentes y sont à un prix raisonnable ; le tabac y est mauvais & à bas prix. Il y a un chantier pour construire des vaisseaux , & un ponton pour les mettre à la bande.

Nous avons repris notre course vers le détroit de le Maire : le 9 Décembre, nous observâmes que la mer était couverte de grandes bandes jaunâtres dont plusieurs avaient un mille de long, & 3 ou 400 verges de large : en puisant de cette eau colorée, nous la trouvâmes remplies d'une multitude innombrable d'atômes jaunâtres terminés en pointe, dont aucun n'avait un quart de ligne de long. Au microscope, ils paraissaient être des faisceaux de petites fibres entrelassées les unes dans les autres, & assez semblables au *nidus* de ces mouches aquatiques appellées *Çadices*, du genre des *Phriganea* : on ne put décider s'ils étaient une substance végétale ou une animale. On prit un goulu femelle qu'on ouvrit & dont les petits tirés de son ventre nagerent avec vivacité : on vit la mère pousser & retirer à plusieurs reprises une partie de son corps qui parut être son estomac.

Comme on s'attendait à de mauvais tems, on envergua de nouvelles voiles ; le 30 nous parcourumes environ 50 lieues au travers d'une multitude prodigieufe d'infectes de terre de différentes efpeces , dont quelques - unes volaient & la plupart étaient fur la mer où ils fe mouvaient encore : ils étaient femblables aux *carabi* , *grylli* , *phalanæ aranea* & autres mouches , quoiqu'on fut à 30 lieues de terre dont ces infectes ne s'éloignent guères que de 20 verges : nous penfames que nous étions vis-à-vis de cette baie fans fond , où l'on croit qu'il y a un paffage pour pénétrer dans la mer Pacifique ; il paraît au moins qu'il y a une très-grande riviere qui dans fon débordement avait entraîné au loin ces infectes. Le 3 Janvier 1769 , nous cherchions l'isle de *Pepys* ; un brouillard , ou terre de brume, nous parut l'être & nous trompa quelque tems. Déjà le froid fe faifait fentir ; les matelots reçurent leur jaquette Magellanique , faite d'une laine épaiffe , & une paire de grandes chauffes. Nous avions paffé les isles Falkland , & bientôt nous découvrîmes la *Terre de Feu* ; nous approchâmes des côtes d'où s'élèvaient des colonnes de fumée , qui parurent être un fignal que les habitans fe donnaient de notre arrivée ; nous les fuivîmes pour entrer dans le détroit de le Maire où la marée montante nous chaffait avec violence , & quand nous fûmes au milieu du torrent , l'avant du vaiffeau enfonçait fi fort que le mât de beaupré était fous l'eau. Arrivés entre les caps *St. Vincent* & *St. Diego*, j'y aurais jetté l'ancre fi le fond n'eut pas été de rocher ; il nous fallut chercher l'anfe qui eft au couchant du premier , qui a devant lui des bancs couverts de gouémons , herbes qui s'étendaient du fond à la furface de la mer dans une longueur de 9 braffes , & à l'infpection , on jugea qu'il y en avait de longs de 160 pieds : on les appella *fucus giganteus.*

Nous arrivâmes dans l'anfe , mais le fond en était mauvais , & nous nous déterminâmes à n'y pas entrer. Mrs. Banks & Solander allerent cependant vifiter cette terre , & y cueillirent plus de cent plantes & fleurs différentes , inconnués aux botaniftes de l'Europe : le pays était uni , couvert d'arbres , arrofé par de l'eau douce, ombragé par des bois où fe perchaient beaucoup d'oifeaux ; parmi fes productions , on remarqua l'écorçe de *Winter*, efpece de canelle, dont on reconnaît l'arbre à fa feuille largé, unie, d'un verd pâle au-deſſus, & bleuâtre en-deſſous : on ôte facilement l'écorce avec un os, ou un bâton pointu ; on s'en ſert comme d'une épicerie auſſi agréable que ſaine : il y⸱ a auſſi beaucoup de céleri ſauvage & des plantes anti-ſcorbutiques ; les arbres reſſemblent preſque tous à l'eſpece de bouleau nommée *Betula Antartica ;* leur tige a trente ou quarante pieds de long, elle en a deux ou trois de diamètre ; la feuille en eſt petite, le bois blanc, ſe fendant très-droit. Çà & là on trouve auſſi des canneberges rouges & blan-ches en grande quantité; on ne vit point d'ha-bitans, mais ſeulement deux huttes, l'une dans un bois épais, l'autre ſur la côte.

Nous fîmes voile vers le détroit; le 15 au matin nous jettâmes l'ancre devant une petite anſe, qui peut-être eſt le port *Maurice ;* deux inſulaires parurent ſur le rivage, mais le lieu était dangereux, & nous ne pûmes nous y arrêter; nous vinmes dans la baie de *Bon-Succès,* & deſcendîmes à terre. Pluſieurs Amé-ricains paraiſſaient ſur le rivage : mais nous voyant au nombre de dix ou douze, ils s'en allerent; on alla vers eux, deux revinrent, s'affirent & jeterent entr'eux & nos Anglais un petit bâton : c'était fans doute un figne de paix, car auffi-tôt ils les inviterent à les fuivre vers leurs compagnons, dont les Anglais reçurent plufieurs marques groffieres d'amitié ; on leur donna des rubans, des grains de verre qui leur firent plaifir ; on eut avec eux une converfation pantomime ; trois vinrent à bord, & l'un d'eux fit une efpece d'exorcifme en parcourant le bâtiment, & lorfqu'il voyait quelque objet nouveau qui le frappait, il pouffait dans l'air des cris violens pendant quelques minutes ; ils mangerent du pain & du bœuf fans plaifir ; ils marquerent du dégoût pour le vin & l'eau-de-vie ; ils ne montraient aucune curiofité, & voulurent defcendre après deux heures écoulées : on les conduifit vers leurs compagnons, qui ne parurent pas plus empreffés de leur demander ce qu'ils avaient vu, qu'eux de le leur raconter.

Près de l'anfe s'élevait une montagne où l'on voyait une ceinture formée par les bois, puis une plaine furmontée d'un roc pelé. Mrs. Banks & Solander, l'aftronome Green, le chirurgien Monkhoufe, avec les gens néceffaires pour porter leur équipage, voulurent

y monter pour y cueillir des plantes ; ils entrerent dans le bois de grand matin, & continuerent de monter jufqu'à trois heures après
midi fans pouvoir arriver au lieu où ils ten-
daient. Enfin, ils parvinrent au terrain qui,
de loin, paraiffait une plaine : c'était un marécage couvert de petits buiffons de bouleaux
hauts de trois pieds, fi entrelaffés les uns dans
les autres, qu'il était impoffible de s'y frayer
un paffage ; chaque pas y devenait une en-
jambée, & en repofant le pied il enfonçait dans
la vafe. De plus, le tems qui était beau le
matin, devint nébuleux & froid ; un vent pi-
quant foufflait des bouffées de neige ; ils avançaient cependant, & déjà ils avaient franchi les
deux tiers du marécage, lorfqu'un des deffi-
nateurs fut faifi d'un accès d'épilepfie ; il fallut
s'arrêter & faire du feu ; enfuite les plus fati-
gués reftant avec le malade, ceux que nous
avons nommés continuerent à monter & ils
parvinrent au fommet ; ils y trouverent des
plantes auffi différentes de celles de nos montagnes, que celles-ci le font des plantes de
nos plaines. Le froid était très-vif, la neige
abondante, le jour avancé, il fallut fe réfou-
dre à paffer la nuit fur cette montagne. Mrs.

Green & Monkhoufe revinrent près du malade ; Mrs. Banks & Solander chercherent des
plantes, après avoir fixé un rendez-vous, où
ils fe rendirent par un chemin nouvellement
découvert, qui leur parut plus facile que celui par lequel ils étaient venus. Tous fe trouverent alertes & bien portans ; il était huit
heures du foir, mais une faible clarté faifait
diftinguer encore les objets, & on réfolut de
traverfer la vallée. Le docteur Solander, qui
connaiffait les effets du froid quand il eft joint
à la fatigue, qu'il produit dans les membres
une ftupeur & un engourdiffement prefque in-
furmontables, conjura tous fes compagnons de
ne pas s'arrêter : *celui qui s'affied s'endort, & qui
s'endort meurt*, difait-il. Mr. Banks fit l'arriere-
garde, pour empêcher que perfonne ne reftât en
arriere. Ils s'avancerent donc, mais bientôt le
froid devint fi vif, que le docteur Solander ne
put réfifter à ce fommeil contre lequel il avait
voulu prémunir les autres, & il demanda qu'on
le laiffa coucher ; en vain on voulut lui faire
craindre ce moment, il s'étendit fur la terre
couverte de neige, & ce fut avec une peine
extrême que Mr. Banks l'empêcha de s'endor-
mir. Un de fes noirs, Richmond, reftait auffi

derriere. M. Banks envoya devant eux 5 hommes des plus actifs pour préparer du feu dans un endroit convenable, & il demeura avec le docteur, & les autres qui, après avoir traversé la plus grande partie du marais, déclarerent ne pouvoir aller plus loin ; les prieres, les inftances furent inutiles ; Richmond dit qu'il ne defirait que de dormir & mourir, & le docteur, qu'un peu de fommeil lui rendrait des forces ; on fut obligé de les laiffer foutenus en partie fur les broffailles, & tous les deux tomberent dans un profond fommeil : mais on parvint à réveiller le docteur, quand on eut reçu la nouvelle que le feu était allumé ; quoiqu'il n'eut dormi que cinq minutes, tous fes membres étaient perclus & fes nerfs fi contractés, que fes fouliers tombaient de fes pieds ; on le foutint & il marcha. Richmond ne put être remis en mouvement ; on laiffa près de lui deux hommes, à qui l'on promit de les faire promptement relever par deux autres, & on conduifit enfin le docteur auprès du feu ; puis on envoya deux hommes repofés & échauffés pour aider les autres à rapporter Richmond ; ils revinrent fans les avoir trouvés, perfonne n'avait répondu à leurs cris. On fe fouvint

que

que l'un de ceux qu'on avait laissé, portait
une bouteille de rum, & on pensa qu'ils s'é-
taient servi de ce moyen pour se tenir éveil-
lés, pour dégourdir le noir, & qu'ayant trop
bu, ils s'étaient égarés au lieu d'attendre des
secours. Cependant la neige recommença &
devint plus forte ; elle dura deux heures, &
on désespéra de retrouver ces hommes vivans.
Vers minuit on entendit des cris ; Mr. Banks
& quatre autres se détacherent pour aller vers
le lieu d'où ils partaient, & on trouva l'un
d'eux qui n'avait plus que la force de demander du secours. Sur les indications qu'il donna,
on chercha & trouva les deux autres. Richmond était debout, mais ne pouvait se mouvoir ; l'autre était étendu sans sentiment : on
fit venir tous ceux qui étaient près du feu,
on essaya d'y porter ces deux hommes, tous les
efforts devinrent inutiles ; la nuit était très-
noire, la neige très-haute, les broffailles, le
marais, tout devenait un obstacle & produi-
sait des chutes. On voulut faire du feu auprès
d'eux, il fut impossible d'y réussir. On fut réduit à la nécessité d'abandonner ces malheureux, après leur avoir fait un lit de branches
d'arbres, & les en avoir couverts. Cependant

ceux que le froid n'avait pas encore faifi, commencerent à perdre le fentiment, & ce fut avec beaucoup de peine qu'on put les ramener vivans auprès du feu. On y arriva cependant, mais le paffé & l'avenir les agitaient ; de douze hommes vigoureux & fains, il n'en reftait que huit qui fuffent en état d'agir ; deux étaient envifagés comme morts, deux autres étaient prefque mourans ; une journée de chemin au travers des bois épais où ils pouvaient s'égarer', & une feconde nuit les furprendre, lés féparait du vaiffeau ; ils n'avaient de provifions qu'un vautour qu'ils avaient tué, & qui ne pouvait donner à chacun que quelques bouchées. On était incertain fi l'on foutiendrait le froid du lendemain. C'eft au milieu de ces craintes qu'on vit le jour renaître : mais de toutes parts il ne leur offrit que de la neige, & des bouffées violentes ne leur permettaient pas de fe mettre en marche ; on ignorait fi ce tems durerait long-tems ; on craignit de périr de froid & de faim dans cette horrible forêt. Un rayon d'efpérance fembla luire à leurs yeux, lorfqu'au travers des nuages ils purent diftinguer le lieu du lever du foleil ; le ciel en effet commença a s'éclaircir. Trois

de la compagnie fe détacherent pour aller vifiter les deux hommes abandonnés, ils les trou_
verent morts. Ce ne fut que vers les huit
heures, que le vent aidant à l'action du foleil,
éclaircit le ciel. Des deux malades, l'un fe
trouvait rétabli; tous efpérerent pouvoir marcher : mais il fallait manger; on dépeça donc le
vautour, chacun fit cuire fa part comme il
voulut, puis il la dévora & partit. Après une
marche de huit heures, ils fe trouverent fur
le rivage, avant le tems où ils l'efpéraient; ils
s'apperçurent qu'ils avaient décrit un cercle le
jour précédent en allongeant leur route; mais
ils oublierent leurs fatigues, leurs malheurs,
en fe retrouvant fur le vaiffeau; & tels avaient
été les dangers qu'ils avaient couru, qu'on
les eftima heureux de n'avoir perdu que deux
hommes.

Le 20 Janvier, on alla couper du bois, &
Mrs. Banks & Solander cueillirent des plantes &
des coquilles; puis ils voulurent vifiter un
village Américain; ils s'y rendirent par un
chemin rempli de boue : en l'approchant, deux
Américains vinrent à eux comme en cérémonie, firent de grands cris, puis les conduifirent au village fitué fur une colline aride &

couverte d'arbres : il confistait en une douzaine de huttes d'une conftruction groffiere
elles étaient formées de pieux plantés en terre,
inclinés les uns vers les autres à leur fommet,
couvertes du côté du vent par des brancha-
ges & de l'herbe feche. Une ouverture fervait
de porte & de cheminée ; un peu de foin à
terre y fervait de fièges & de lits : on n'y
voyait d'uftenciles qu'un panier pour porter à
la main, un fac qu'on portait fur le dos, &
une veffie d'animal qui renfermait de l'eau.
La peuplade pouvait être d'environ cinquante
perfonnes de tout fexe, de tout âge, tous
d'une couleur de rouille de fer mêlée à l'huile,
ayant des cheveux noirs ; les hommes font
affez grands & gros, mais mal faits ; les femmes font plus petites ; une peau de guanaque
ou de veau marin jetée fur leurs épaules eft
toute leur parure ; un morceau de la même
peau leur enveloppe les pieds, un autre fert
aux femmes de feuille de figuier : l'homme
porte fur la tête un réfeau de fil brun & fon
manteau ouvert ; la femme le ferme avec une
courroie ; elle peint fon vifage, les parties
voifines de l'œil en blanc, & le refte en lignes
horifontales rouges & noires ; quelques hom-

mes ont le corps prefque entiérement couvert
de lignes noires dans tous les fens; ils ont
des bracelets d'os & de coquilles au poignet,
les femmes en portent encore aux jambes; le
rouge eft la couleur qui leur plaît le plus, &
ils préféraient un grain de verroterie à une
hache, à un couteau; leur langage eft gut-
tural, & ils prononçaient quelques mots comme
s'ils faifaient des efforts pour rejetter un os
qui leur bleffe la gorge; d'autres font doux à
la prononciation: ils ne paraiffent fe nourrir
que de coquillages que ramaffent les femmes
en fuivant la marée qui fe retire, armées d'un
bâton dont elles fe fervent pour détacher le
coquillage du roc, & chargées d'un fac &
d'un panier qu'elles rempliffent. Leurs armes
font l'arc & la flèche; le premier eft affez bien
fait, les flèches font jolies & de bois poli,
leur pointe eft de verre ou d'un filex, bar-
belé, taillé & ajufté avec adreffe; ils ont quelques marchandifes d'Europe, des cloux non
travaillés, des anneaux, des boutons, des
draps, des toiles; ce qui peut faire croire qu'ils
voyagent vers le nord, puifque les vaiffeaux
font très-rares vers cette côte. Ils connaiffent
l'ufage de l'arme à feu; ils paraiffent être une

horde errante, car leurs maifons ne peuvent
durer que peu de tems : ils n'ont rien qu'ils
ne puiffent facilement tranfporter ; leur habillement eft à peine fuffifant pour les défendre du froid de leurs étés ; les coquillages qui
les nourriffent ne fe montrent qu'un tems , &
ce qui le ferait croire, ce font les cabanes
abandonnées qu'on trouve affez fréquemment
fur cette côte ; c'eft encore qu'ils n'ont point
de canot ni rien de femblable, quoiqu'ils ne
foient pas fujets au mal de mer : peut-être ils
viennent fur cette terre par un canal du détroit
de Magellan où ils laiffent leur bateau.

Ils ne paraiffent foumis à aucun gouvernement, & n'obferver aucune fubordination ; ils
vivent dans la plus parfaite intelligence , quoiqu'égaux ; rien n'annonce qu'ils aient une religion ; ils paraiffent être les plus miférables &
les plus ftupides des hommes ; nuds, fous des
cabanes , où le vent, la neige, le froid pé-
nètrent de toutes parts, deftitués de commodités, de tous moyens pour préparer leur nourriture, ils vivent contens, & ne défirent rien
au-delà de ce qu'ils poffèdent ; ils ne voyaient
avec plaifir que des ornemens ; ils ont peu de
defirs, & il eft probable qu'ils les fatisfont

tous; exempts de travail, d'inquiétudes, de foins, peut-être jouiffent-ils autant que nous.

Des lions & des veaux marins, des chiens, font les feuls quadrupèdes qu'on ait vu fur cette côte : leurs chiens aboient, ce que ne font pas ceux qui font originaires de l'Amérique. M. Banks vit cependant au travers les bois, les traces d'un grand animal marquées fur la furface d'un terrain marécageux, mais fans en pouvoir diftinguer l'efpece. On y voit fort peu d'oifeaux de terre, ceux d'eau y font abondans, fur-tout les canards; il y a peu de poiffons, & la plupart ne font pas bons à manger; les lepas, les moules, les coquillages y font nombreux; on n'y remarque ni coufins, ni mouftiques, ni aucun infecte nuifible ou incommode; quand les bouffées de neige obfcurciffaient l'air, les infectes fe cachaient; ils reparaiffaient vigoureux & agiles dès que le tems s'éclairciffait. On y trouve une grande variété de plantes; outre le bouleau & l'arbre de la canelle de winter, il y a le hêtre, *fagus antarcticus*, qui, comme le bouleau, peut être emploié pour la charpente. Nous ne décrirons ici que deux autres plantes, parce qu'elles font anti-fcorbutiques : le creffon, *cardamine antifcorbutica*, fe trouve dans les prés humides, près des fources, ou du rivage : jeune, il rampe fur la terre : fes feuilles d'un verd clair font difpofées deux à deux, oppofées l'une à l'autre avec une feule à l'extrèmité, elle eft la cinquieme de chaque tige ; elle pouffe des jets qui ont jufqu'à deux pieds de haut, & dont les extrèmités portent de petites fleurs blanches, qui font fuivies de longues filiques. Le céleri fauvage, *apium antarcticum*, eft femblable à celui de nos jardins : fes fleurs font blanches & placées en petites touffes à l'extrèmité des branches : les feuilles font d'un verd foncé ; il croit près de la grève fur le fol le plus voifin de celui qui eft couvert par la marée : fon goût tient de celui du perfil.

C'eft une erreur de croire que ce pays manque de bois ; les pentes des collines, les côtes de la mer font parées en été de la plus agréable verdure : les hauteurs ont leur fommet nud, & cependant méritent à peine le nom de montagnes : le fol des vallées eft riche & profond : au pied de chaque colline coule ordinairement un ruiffeau dont l'eau a une teinte rougeâtre, mais qui eft fans mauvais goût. Une montagne en pain de fucre près de la mer, & les *trois Freres*, en font les parties les plus remarquables à une certaine diftance : tout vaiffeau qui côtoie la terre des Etats fans la perdre de vue ne peut s'égarer.

Le détroit de le Maire eft borné au couchant par la Terre de Feu, au levant par celle des Etats; il a cinq lieues de long & autant de large, au milieu eft la baie de Bon-Succès où l'ancrage eft fûr, où l'on trouve abondamment du bois & de l'eau, où le jufant ou le courant qui porte au nord, defcend avec une force prefque double de celle de la marée montante.

La Terre des Etats a des baies; des havres; des bois : l'isle a douze lieues de long & cinq de large. En remontant du cap de *Bon-Succès* à celui de *Horn*, on trouve quelques isles : celle de *New-Island* a deux lieues de long & fe termine par un mondrain remarquable : à fept lieues de-là eft l'isle *Evouts*; plus loin, les deux petites isles *Barnevelt* qui font baffes, environnées de rochers; à trois lieues d'elles font les isles de l'*Hermite*, qui font affez élevées.

Nous partîmes de la baie de Bon-Succès le 22; nous eûmes fouvent des calmes jufqu'au

cap Horn : on y tua des *albatrofs* & des *coupeurs d'eau* ; & l'on remarqua que les premiers étaient plus gros que ceux au nord du
détroit : ils avaient dix pieds deux pouces d'envergure, tandis que les coupeurs d'eau étaient
plus petits & avaient une couleur plus foncée
fur le dos. Au-delà du cap Horn, nous eûmes des vents violens, une mer agitée avec
des intervalles irréguliers de calme & de beau
tems ; mais les courans ne troublerent point
notre route ; beaucoup d'oifeaux voltigeaient
autour de nous, & M. Banks en tua foixante-
deux en un jour ; il attrapa deux mouches de
bois, qui venaient, comme les oifeaux, de
la terre qui était fort éloignée ; il trouva aufli
une grande *feche* mutilée & flottante fur l'eau :
les oifeaux l'avaient tuée : elle était différente
de celles d'Europe ; au lieu de fuçoirs, elle
avait des bras armés d'une double rangée de
griffes, qui fe retiraient comme celles d'un
chat dans un fourreau. On en fit une très-
bonne foupe.

Le 8 Février, nous cefsâmes de voir des
albatrofs : le 24, on vint me dire qu'on avait
vu pafler un morceau de bois près du vaiffeau, & que la mer qui était agitée était de-

venue tout d'un coup unie comme un étang.
Nous pensâmes qu'il y avait une terre dans
le voifinage, peut-être les isles découvertes
par Quiros ; mais nous ne les cherchâmes pas.

Le 25 , un jeune foldat de marine en fentinelle , qui regardait un de mes domeftiques
faifant une bourfe de tabac avec une peau de
veau marin , lui en demanda une , & fur fon
refus , lui dit en riant qu'il la lui déroberait
s'il le pouvait ; le domeftique quitta ce lieu en
lui recommandant de veiller fur fa peau , &
le foldat en fon abfence lui en´prit un morceau : de-là nâquit une difpute que des foldats
entendirent ; ils mirent à cette action une im-
portance qu'elle ne méritait pas ; on lui fit
des reproches , des menaces de le dire aux
officiers , & il fe retira dans fon hamac acca-
blé de défefpoir & de honte ; bientôt après
un fergent vint lui ordonner de le fuivre fur
le tillac , il le fuivit fans répliquer , & s'échappant , fe jetta dans la mer ; on le regretta ,
parce qu'il ne s'agiffait que d'une bagatelle ,
que le jeune homme était paifible & très-in-
duftrieux , & que fa mort montrait une fenfibilité pour l'honneur que n'ont pas les ames
viles.

Le 4 Mars, nous découvrîmes une isle de
forme ovale qu'un lagon profond semblait parta-
ger : la terre qui environne ce lagon est étroite &
basse, sur-tout vers le midi, où elle n'est formée
que par une bande de rochers : cette isle ressemble à plusieurs petites qui seraient voisines &
couvertes de bois. Au couchant, elle a un groupe
d'arbres qu'on prendrait pour une tour : au
milieu deux cocotiers s'élèvent au-dessus des
autres, & présentent l'apparence d'un pavillon : elle n'offre aucun mouillage ; à un mille
de ses bords on ne trouve point de fond. Les
arbres qui la couvrent sont d'un verd différent :
nous vîmes accourir des habitans ; ils nous
parurent grands & avoir la tête fort grosse :
ils sont couleur de cuivre & ont les cheveux
noirs : ils portaient à la main de longs bâtons,
& dès que nous eûmes passé l'isle, ils se couvrirent de quelque chose qui les rendaient d'une
couleur éclatante : leurs habitations sont sous
des touffes de palmiers, qui de loin ressemblent
à des monticules : nous n'avions pas vu des
arbres depuis long-tems, & ceux-ci nous offrirent l'image d'un paradis terrestre. Nous appellâmes cette isle, *Isle du Lagon*. Sa longitude
est de deux cent trente-huit degrés, sa lati-

tude de dix-huit degrés quarante-sept minutes sud. Nous nous dirigeâmes au couchant, & vîmes peu de tems après une petite isle baſſe, ronde, couverte de bois : elle n'avait qu'un mille de tour, & nous n'y vîmes ni habitans, ni cocotiers, quoique ornée d'une verdure variée ; elle eſt à ſept lieues du Lagon ; on lui donna le nom de *Cap Thrumb*.

Le tems était beau, le vent favorable, & le lendemain nous découvrîmes une isle baſſe, qui avait dix à douze lieues de tour, & quatre de long : elle reſſemblait exactement à un arc dont la corde était formée par une grève plate, aride, ſur laquelle la mer avait dépoſé des tas de plantes marines ; deux touffes de cocotiers marquaient les extrèmités de l'arc, & ſon contour était couvert d'arbres différens en hauteur, couleur & figure ; au centre paraiſſait un lac ; nous en étions fort près, mais nous ne trouvions point de fond & la nuit tomba tout à coup : il fallut s'en éloigner, en obſervant le bruit de la mer qui briſait contre les rochers : on la nomma *Isle de l'Arc*, (*Bow-Iſland* : la fumée nous perſuada qu'elle était habitée, & l'un de nous aſſura y avoir vu des hommes, des cabanes, des pirogues. Sa longitude eſt deux cent trente-ſix degrés dix-huit minutes, ſa latitude dix-huit degrés vingt-trois minutes ſud.

Le 6, nous vîmes terre encore : c'étaient deux isles environnées de plus petites, occupant un eſpace de neuf lieues : on les nomma *les Grouppes*; elles ſont aſſez larges, fort étroites : on y voit des arbres, ſur-tout des cocotiers : nous entrâmes dans une baie tranquille qu'elles formaient; mais n'y trouvant pas de fond, nous nous en éloignâmes : alors des habitans accoururent, s'avancerent juſqu'à des rochers dans des pirogues : ils délibérerent, en conſulterent d'autres & s'arrèterent, lorſqu'ils virent que nous les attendions. Nous ceſsâmes de les attendre, & nous apperçûmes une pirogue qui nous ſuivait à la voile; mais nous ne crûmes pas devoir nous arrèter encore.

Ces hommes paraiſſent bien faits & de notre taille : ils ſont nuds, bruns; leurs cheveux noirs ſont enveloppés dans un réſeau autour de la tète, & formaient derriere une touffe; d'une main ils tenaient un bâton long de dix à quatorze pieds, taillé comme une lance; de l'autre une eſpece de pagaie; leurs pirogues ſont petites : de la voile ils forment un abri contre la pluie; ils nous firent des fignaux, ou pour nous effrayer, ou pour nous inviter à defcendre; nous agitâmes nos chapeaux, ils firent des acclamations : mais nous ne voulions pas nous expofer à une querelle, & l'isle n'était pas affez confidérable pour y chercher des rafraîchiffemens. Nous cherchions l'isle *Otahiti* pour faire nos obfervations, & elle ne pouvait être bien éloignée.

Le 7, à la pointe du jour, nous vîmes une isle d'une grande lieue de tour : fon fol était bas : au centre on voit une piece d'eau; elle eft couverte de verdure; nous n'y vîmes ni cocotiers, ni habitans; mais beaucoup d'oifeaux, & nous l'appellâmes *Isle des Oifeaux*, (*Bird-Island.*) Dans l'après-midi, nous vîmes une double rangée d'isles baffes, boifées, jointes par des rochers, formant comme une feule isle ovale avec un lac au milieu; nous lui donnâmes le nom d'*Isle de la Chaîne*, parce qu'elle en avait l'apparence; elle eft à quarante-cinq lieues de celle des Oifeaux, & en a cinq de long; fes arbres font élevés : au travers s'élevait de la fumée, ce qui nous annonçait qu'elle était habitée.

Le 10, l'air & la mer s'agiterent, nous eûmes de la pluie & des éclairs, mais quand la brume fut diffipée, nous vîmes l'isle *Maitea*; c'eft celle que le capitaine Wallis appella *Of-nabrug*; elle a une lieue de tour, eft haute, ronde, n'offre qu'un rocher nud en des endroits, & des arbres dans d'autres; du côté du nord elle a la figure d'un chapeau, dont la tête eft fort haute. Enfin, nous crûmes appercevoir l'isle que nous cherchions; nous difputâmes tout un jour pour décider fi c'était en effet une isle ou feulement un nuage : mais le lendemain nous la reconnûmes pour celle que le capitaine Wallis avait nommé *Isle de Georges III.* Le 12 au matin, nous vîmes plufieurs pirogues en partir & s'approcher de nous, fans vouloir venir 'à bord; les infulaires portaient de jeunes planes & des branches d'un arbre qu'ils appellent *E'midho*, témoignages de paix & d'amitié qu'ils nous tendirent, en nous faifant des fignes que nous ne comprîmes pas d'abord; nous conjecturâmes qu'ils défiraient que nous les attachaffions à des parties remarquables de notre bâtiment; nous les mîmes à nos agrêts, & ils urent très - fatisfaits; nous achetâmes leurs fruits, & continuant de naviguer à baffes voiles, nous vinmes jetter l'ancre dans la baie de

Port-

Port-Royal, nommé par les habitans *Mata-*
vai. Bientôt nous fûmes environnés de pirogues qui nous apportaient des cocos, des fruits
à pain & d'autres fruits en échange de nos
verroteries. Parmi eux était le vieillard qui
avait été fi utile au capitaine Wallis ; on lui
donna mille témoignages de bienveillance pour
fe l'attacher.

Comme notre féjour devait être long dans
cette isle, nous fîmes des réglemens pour le
commerce, afin que nos marchandifes ne baif-
faffent pas de prix ; quelques officiers avaient
droit de le faire ; on impofa des peines à ceux
qui diftrairaient quelque chofe du vaiffeau,
qui en égareraient, qui feraient des échanges
pour acquérir d'autres objets que des comeftibles, qui feraient tort ou infulte aux habitans. Nous defcendîmes enfuite, Mrs. Banks,
Solander & moi, avec un détachement de foldats, & notre ami *Owhaw* ; plufieurs cen-
taines d'habitans nous annonçaient par leurs
regards que nous étions les bien-venus ; mais
ils nous craignaient : chacun d'eux avait une
branche verte à la main, nous en prîmes comme
eux ; ils les placerent fur un terrain nettayé
près de l'aiguade, & nous les imitâmes ; ils fem-

blerent alors perdre leur timidité, ils devinrent familiers, & nous leur fîmes de petits préfens. Nous continuâmes cependant notre marche au travers de bocages chargés de noix de
cocos & de fruits à pain, à la vue de leurs
habitations, qui la plupart n'ont qu'un toît
fans enceinte, fans murailles : mais nous remarquâmes avec regret que dans toute notre
courfe, nous n'avions vu que deux cochons,
& point de volaille : ceux qui avaient été du
voyage du Dauphin, voulurent nous mener
vers le palais de la reine, & nous n'en trouvâmes pas même les veftiges : nous revinmes
à notre bâtiment. Le lendemain, nous vîmes
arriver deux pirogues d'Indiens qui, par leur
extérieur, parurent être de la tribu des nobles : deux d'entr'eux fe choifirent des amis ;
l'un me donna la préférence, l'autre prit M.
Banks, & ils nous revêtirent de leurs habillemens ; en retour nous leur donnâmes une
hache & des verroteries ; ils nous inviterent à
nous-rendre dans les lieux qu'ils habitaient,
& nous y allâmes dans deux bateaux, Mrs.
Banks, Solander & moi, fuivis de nos officiers
& de deux Indiens. Nous débarquâmes à une
lieue de-là, au milieu d'un grand nombre

d'habitans : on nous mena dans une maison
vaſte où nous vimes un homme d'un moyen
âge nommé *Tootahah*, & l'on nous invita à
nous aſſeoir vis-à-vis de lui ſur des nattes.
Tootahah nous fit préſent d'un coq, d'une
poule & d'une piece d'étoffe, dont on nous
fit ſentir le parfum qui n'était pas déſagréable : M. Banks donna en échange un mouchoir
de poche & une cravate de ſoie bordée de den-
telles, dont l'Indien ſe para tout de ſuite. Les
femmes vinrent à leur tour, & nous montrerent tous leurs appartemens : nul ſcrupule ne
gênait leurs actions, nuls plaiſirs ne paraiſſaient leur être défendus ; des lieux ouverts,
où on avait étendu des nattes, leur paraiſſaient
auſſi convenables pour s'y livrer, que les réduits les plus ſecrets peuvent le paraître à nos
Européens.

Nous quittâmes ce chef & le lieu qu'il habitait ; & ſuivant la côte, nous rencontrâmes
un autre chef à la tète d'un grand nombre
d'inſulaires : il s'appellait *Tubouraï - Tamaï-
dé* ; nous reçumes ſa branche verte, nous
lui en préſentâmes à notre tour, & mettant la
main ſur la poitrine, nous prononçâmes le
mot *taïo* qui nous parut ſignifier ami : alors

Il nous offrit des vivres ; nous y dinâmes avec du poiſſon, du fruit à pain, des cocos, des fruits du plane apprêtés à leur maniere. Une femme de notre hôte nommée *Tomio*, ſe plaça ſur la même natte que Mr. Banks qui ne lui fit point accueil, car elle n'était ni jeune, ni belle ; il appella une jeune fille qui vint ſe placer de l'autre côté de Mr. Banks, & il la chargea de brillantes bagatelles qui lui firent grand plaiſir ; cette préférence ne fit point ceſſer les attentions de la princeſſe qui lui prodiguait toutes les friandiſes qui étaient devant elle. Tout allait bien lorſque M. Solander ſe plaignit qu'on lui avait volé une petite lunette dans un étui de chagrin, & Mr. Monkhouſe ſa tabatiere ; on porta des plaintes au chef, & Mr. Banks frappa la terre de ſon fuſil avec une vivacité qui fit fuir toute la compagnie. Le chef affligé, conſterné, le prit par la main, lui offrit pluſieurs pieces d'étoffes ; mais M. Banks ne voulait que ce qu'on avait dérobé. *Toubouraï* ſortit en faiſant ſigne de l'attendre, il revint quelque tems après avec la lunette & la tabatiere ; la joie ſe peignait ſur ſon viſage de la maniere la plus expreſſive ; mais on ouvrit l'étui de la lunette, & on la trouva vuide ; le chef affligé de nouveau, prit M. Banks par la main, fortit avec lui , & le conduifit le long de la côte ; MM. Solander & Monkhoufe les fuivirent : ils entrerent dans une maifon , où était une femme à qui le chef fit figne de donner quelques verroteries : elle fortit un inftant après, puis rentra contente de rapporter la lunette : le chef voulut que M. Solander accepta une piece d'étoffe en dédommagement, & il ne put la refufer. Ne connaiffant ni la langue ni la police, ni les mœurs de ce peuple, on ne peut parler des moyens employés par les chefs pour retrouver les effets perdus ; mais on y vit beaucoup d'intelligence. Nous retournâmes à notre vaiffeau.

Le lendemain nous reçumes la vifite des chefs ; ils nous apporterent des cochons & des fruits ; nous leur donnâmes des haches & des toiles. Cependant nous n'avions pas trouvé de havres plus commodes que celui où nous étions, & nous nous y fixâmes : fuivi d'un détachement, de MM. Banks , Solander & Green , je vins à la pointe nord-eft de la baie où il n'y avait nulle habitation ; là nous marquâmes un terrein défendu par le canon du vaiffeau & y élevâmes une tente où nous devions faire nos obfervations : les habitans nous regardaient fans nous incommoder ; ils fe tinrent derriere la ligne que nous avions tracée, & nous tâchâmes de faire comprendre à un des chefs & à Owhaw que nous avions befoin de ce terrein pour y dormir , & qu'enfuite nous nous en irions : l'opération finie , nous plaçâmes une garde de 13 foldats & un officier pour garder la tente , & réfolûmes d'aller vifiter les bois où nous foupçonnions qu'on avait retiré les porcs & la volaille pour les dérober à nos regards : en avançant, M. Banks abattit trois canards d'un coup de fufil qui imprima la terreur parmi les Indiens ; ils fe jetterent à terre comme s'ils euffent été bleffés, & ne revinrent que lentement de leur frayeur ; nous continuâmes notre route ; mais nous n'étions pas encore bien loin lorfque nous entendîmes deux coups de fufil ; nous revinmes en hâte, & fûmes bientôt ce dont il s'agiffait. Un Indien s'étant approché de la tente, avait arraché le fufil de la fentinelle, l'officier brutal avait ordonné de faire feu , & les foldats plus féroces encore avaient tiré fur la foule qui s'enfuyait, compofée de plus de cent perfonnes ; le voleur n'ayant pas été tué, ils avaient couru fur lui & l'avaient affommé : lui feul perdit la vie. Owhaw raffembla quelques-uns des fuiards ; nous tâchâmes de leur faire comprendre que s'ils ne nous faifaient point de mal, nous ne leur en ferions jamais : ils fe retirerent fans témoigner de défiance, ni de reffentiment, & nous revînmes au vaiffeau mécontens de notre journée , & incertains de ce que nous devions penfer : cette entreprife était-elle l'effet d'un complot des Indiens, Owhaw le favait-il, le foupçonnait-il, voulait-il le prévenir ? Chacune de ces conjectures avait fes raifons & fes partifans ; nous ne pûmes jamais approfondir cette affaire ; nous blâmâmes nos foldats, mais le mal était fait. Le lendemain aucun des habitans n'approcha le vaiffeau, Owhaw lui-même ne fe montra pas : nous amenâmes le vaiffeau plus près de la côte , nous y defcendîmes dans le lieu où nous voulions élever une efpece de fort pour faire paifiblement nos obfervations aftronomiques ; & les Indiens ne voyant point autour de nous d'appareil menaçant, fe rapprocherent fans nous témoigner moins d'amitié qu'autrefois : nous reçumes enfuite la vifite de Tuboraï & de Tootahah , ils portaient en main de jeunes bananiers , & ils ne monterent au vaiffeau que lorfque nous les eumes acceptés ; ils nous apportaient un cochon apprêté , & des fruits à pain, en retour defquels nous leur fimes préfent d'une hache & d'un clou.

Le 18 Avril , nous defcendîmes pour élever notre fort : nous creufâmes des retranchemens & nous les bordâmes de piquets & de fafcines ; loin de s'y oppofer , les infulaires nous aidaient : nous achetâmes d'eux tous les pieux dont nous nous fervîmes , & nous ne coupâmes pas un arbre qu'ils n'y euffent confenti : trois côtés de notre fort furent fortifiés par des fafcines , le quatrieme l'était par une riviere ; nous y defcendîmes 6 pierriers ; les provifions ne nous manquerent pas , nous en avions même plus qu'il ne nous était néceffaire : les cochons feuls étaient rares ; un grain de verre de la groffeur d'un pois était le prix de 5 ou 6 cocos & d'autant de fruits à pain. Tuboraï vint vifiter dans le fort M. Banks qui y avait élevé une tente : il amena avec lui fa femme , fa famille , le toit d'une maifon , les matériaux pour la dreffer , les uftenciles &

les meubles néceffaires pour l'habiter ; la marque de confiance qu'il nous donnait en fe
fixant près de nous, fit que nous redoublâ-
mes d'attention pour lui : il conduifit Mr.
Banks dans les bois, fous un hangar, & y
revêtit le favant Anglais de deux habits, l'un
de drap rouge, l'autre d'une natte très-bien
faite, puis il le conduifit à fa tente où fa
femme Tomio fe rendit avec un jeune homme
de 20 ans qu'on crut être fon fils & qui ne
l'était pas ;. nous les accueillîmes, & ils ne fe
retirerent que le foir. Ce chef aimait nos manieres, il les imitait, fe fervait du couteau & de la
fourchette comme nous & nous vifitait fouvent.

Mr. Monkhoufe nous dit qu'il avait vu
le cadavre de l'homme que nos foldats
avaient tué dans une efpece de hangar que
nous allâmes vifiter : ce hangar était joint
à la maifon qu'il habitait durant fa vie, &
près d'elle étaient d'autres habitations : il
avait 15 pieds de long, 11 de large ; fa
hauteur était proportionnée à ces dimenfions ;
un côté était ouvert, les autres fermés d'un
treillage d'ofier : le cadavre était dans un
chaffis de bois fur des nattes, couvert d'une
étoffe blanche ; à fes côtés étaient fes armes,

& près de fa tête des coques de noix de cocos ; à fes pieds étaient une pierre, une baguette feche , des feuilles vertes liées enfemble : près de là encore étaient une tige de plane
fymbole de la paix, des noix de palmier, & au
fommet de l'arbre une coque remplie d'eau
douce : à un des poteaux était fufpendu un
fac où l'on voyait des tranches de fruit à pain,
les unes gâtées, les autres fraîches encore.
Pendant que j'obfervais cet hangar, les habitans nous examinaient avec inquiétude ; ils
parurent joyeux lorfque nous nous retirâmes.

Cependant nous nous occupions à obferver,
à deffiner, mais notre meilleur peintre était
mort à la rade : les mouches incommodaient
notre peintre en hiftoire naturelle ; elles mangeaient les couleurs à mefure qu'on les étendait fur le deffein ; il fallut s'environner d'un
filet. Les habitans nous apportaient les haches qu'ils avaient reçues du Dauphin, pour
nous prier de les aiguifer ; parmi celles-là
nous en vîmes une que les Français leur
avaient donnée. Leurs vols fe répétaient affez
fouvent, les chefs même ne dédaignaient pas
d'en faire, mais on les en accufa quelquefois
à tort : c'eft ainfi que Mr. Banks ayant perdu

fon couteau, accufa Tubouraï de le lui avoir
pris : ce bon Indien était défolé de ce qu'on
ne le retrouvait pas, lorfqu'un domeftique de
l'Anglais qui l'avait placé dans un endroit la
veille, alla l'y chercher ; le chef exprima dans
fes geftes, dans fes regards, l'émotion qui
l'agitait, il pleura, fortit de la tente, & vint
à Mr. Banks pour lui reprocher fes foupçons;
celui-ci en fut affligé, & chercha par des préfens à lui faire oublier l'injuftice qu'il lui avait
faite ; il y réuffit. L'Indien revint quelque
tems après au fort, il y dina, & s'en retourna
fur le foir; mais bientôt après il rentra dans
la plus grande agitation, prit Mr. Banks par
la main, le conduifit dans un lieu où était le
boucher du vaiffeau, & fit entendre que cet
homme avait voulu tuer fa femme avec une
faucille : on fût en effet, qu'ayant vu une
hache de pierre, le boucher l'avait demandée
en échange d'un clou, que fur le refus de la
femme, il avait jetté le clou, pris la hache
& l'avait menacée de lui couper la gorge. Le
crime fut conftaté; il fut puni aux yeux des
Indiens : le boucher fut dépouillé, attaché
aux agrès, & battu de verges : au premier
coup les Indiens demanderent grace pour lui

& ne pouvant l'obtenir, ils verferent d'abondantes larmes. Ils en répandent avec facilité ;
un faible chagrin femble les jeter dans le défefpoir, mais l'inftant après, le fourire renaît
fur leur vifage, qui reprend bientôt fa premiere férénité : ils font encore, pour ainfi
dire, des enfans : très-fenfibles à l'objet préfent, bientôt ils l'oublient, leurs peines font
courtes & vives, mais le plaifir leur fuccéde
prefque dans le même inftant : ils projettent,
& ne penfent plus à exécuter, fi quelques
inftans féparent le moment de l'exécution, de
celui où ils formerent le projet.

Les environs de notre fort étaient devenus
une place de marché fréquentée ; parmi les
Indiens qui y acouraient, un officier qui avait
été de l'expédition du Dauphin reconnut *Oberea*, dans une femme affife modeftement parmi
les autres, & tous les regards fe fixerent fur
elle ; fa taille était élevée, fon teint blanc,
fes yeux pleins de fenfibilité & d'intelligence,
il ne lui reftait que des ruines de fa beauté
paffée, quoiqu'elle n'eut qu'environ 40 ans.
On la reçut fur le vaiffeau avec diftinction,
on lui fit des préfens, mais ce qui la charma
le plus, ce fut une poupée : elle fit porter

en échange un cochon & des fagots de plane
au fort : nous rencontrâmes *Tootohah*, qui
parut mécontent des égards que nous avions
pour Oberea, & fut jaloux du don de la poupée ; il fallut lui en donner une femblable pour
fatisfaire fa jaloufie enfantine : bientôt il la
négligea & n'y penfa plus. Mr. Banks alla
vifiter le lendemain Oberea, il la trouva cou-
chée encore & dans les bras d'un jeune homme :
craignant d'avoir été indifcret, il fe hâtait de
fe retirer , mais on lui fit bientôt entendre
que ces amours n'avaient rien d'extraordinaire , ni de honteux ; il attendit un inftant
la princeffe , qui fut bientôt habillée, & le
revêtit lui-même d'étoffes fines.

Une vifite qu'il fit à Tubouraï qu'il trouva
avec fa fille très-affligé & verfant des larmes,
fit naître parmi nous des inquiétudes ; on fe
reffouvint qu'Owhaw avait dit trois jours auparavant que dans quatre jours nous tirerions
nos grandes pieces d'artillerie ; on craignit
quelque entreprife violente ; on doubla les
gardes, on fut plus vigilant, plus actif, fans
pourtant avoir plus de raifons de l'être, car
nos fortifications & nos armes nous mettaient
en fûreté, & les Indiens étaient paifibles. Le

jour où l'on avait craint une attaque, Tomio accourut au fort, entraîna dans fa maifon Mr. Banks, à qui les Indiens s'adreffaient toujours dans leurs peines, & lui fit entendre en chemin que Tubouraï était mourant , & que nous l'avions empoifonné : on lui apporta une feuille que le chef avait vomi ; il ouvrit la feuille & y vit un morceau de tabac, qu'il avait demandé à nos gens, qu'il voyait le tenir dans leur bouche, & il l'avait mâché & avalé : il croyait toucher à fa derniere heure, mais l'Anglais lui fit donner du lait de cocos qui lui rendit la fanté & la gaîté. Dans le même tems je rendais Tootohah auffi heureux que Tubouraï l'était , en lui donnant une hache de fer faite fur le modèle de la hache de pierre dont ce peuple fe fert : il abandonna tous les objets qu'on avait étalé à fes yeux, pour fe faifir de celui-là, & craignant que je ne me répentiffe de la lui avoir donnée, il s'enfuit avec elle tranfporté de joie. Un autre des chefs de ces Indiens nous donna un exemple de l'orgueil ou de la vanité des nobles : il vint dîner avec nous, mais accoutumé à fe faire mettre les morceaux dans la bouche par fes femmes, on lui préfenta en vain les mets qu'on jugeait devoir lui être les plus agréables; il n'y toucha pas, il fallut lui faire mettre les alimens dans la bouche pour qu'il en prit.

Après avoir dreffé notre obfervatoire, nous defcendîmes pour placer notre *quart de nonante*, & nous ne le trouvâmes plus : nous le fîmes chercher avec foin dans le fort, fur le vaiffeau ; on promit en vain des récompenfes à celui qui indiquerait le voleur; on ne put le retrouver. Nous penfâmes enfin que les Indiens l'auraient volé, & Mr. Banks fuivi de Mr. Green, courut dans les bois pour s'informer du voleur; il rencontra Tubouraï qui avec des brins de paille, lui montra fur fa main la figure d'un triangle; il vit que nos conjectures étaient fondées, & dit au chef qu'il voulait aller tout de fuite où l'inftrument avait été porté : ils allerent vers le couchant de l'isle, s'informant du voleur dans toutes les maifons & fe faifant montrer le lieu où il avait porté fes pas ; ils marchaient rapidement, quelquefois ils couraient, quoiqu'il fit très-chaud ; enfin après avoir grimpé une montagne pendant plus d'une heure, on leur montra un endroit à une lieue de là, où devait être l'inſtrument volé. Cependant, Mr. Banks ſentit qu'il s'expoſait; il n'avait ſur lui qu'une paire de piſtolets, & les Indiens pouvaient être moins dociles dans ces lieux écartés; il m'envoya un homme pour me prier de venir au-devant de lui avec un détachement, & continua ſa route: ils arriverent à cette habitation où ils virent un Otahitien tenant en main une partie de l'inſtrument qu'on cherchait: on s'arrèta, les Indiens s'aſſemblerent, & la vue d'un des piſtolets, les fit ranger en cercle autour des deux Anglais & de Tubouraï. Alors Mr. Banks ordonna qu'on rapportât au milieu du cercle tracé ſur l'herbe, la boîte du quart de nonante, pluſieurs lunettes, un piſtolet de ſelle qu'on lui avait volé peu de tems auparavant: tout fut rapporté, mais M. Green s'apperçut qu'il manquait le pied & quelques autres parties de ſa machine; on fit de nouvelles recherches, on en rapporta quelques-unes, on promit de faire rendre le pied, & l'on revint au fort: je rencontrais la troupe à deux milles du fort, & nous nous en retournâmes très-contens; mais en arrivant nous trouvámes les Indiens dans la douleur à la porte du camp, Mr. Banks y entra ſuivi

de

de Tubouraï, ils virent Tootahah prifonnier: Tubouraï fe jeta dans fes bras, l'ar-
rofa de fes larmes, par-tout on entendait des
fanglots, on croyait que nous l'allions faire
mourir: j'arrivai bientôt après, & m'infor-
mai de la caufe du tumulte; j'appris que la
nouvelle du vol qu'on nous avait fait & mon
départ à la tête d'un détachement; avaient
alarmé les Indiens, qu'ils commencerent bientôt
à emporter leurs effets & à s'éloigner du fort,
que nos foldats à qui j'avais défendu de laiffer
partir, de pirogue de peur qu'on n'y emporta
notre inftrument, voyant une double pirogue
s'éloigner, avait couru fur elle & l'avaient ar-
rêtée; qu'ils y avaient trouvé Tootahah, &
qu'on l'avait amené prifonnier. Je le fis relâcher tout de fuite; il fut reçu par les Indiens avec des tranfports de joie difficiles à dé-
crire; lui- même qui croyait toucher à fon
dernier moment, fe voyant en liberté, nous
força de recevoir deux cochons que nous ne
prîmes qu'à force de follicitations, parce que
nous fentions ne pas mériter fa reconnaiffance;
il le fentit comme nous le lendemain, puif-
qu'il nous envoya demander en échange une
hache & une chemife; pour nous réconcilier

avec lui, nous voulumes les lui porter nous-
mêmes. Cependant, les Indiens indignés ou
effrayés ne nous apportaient plus de provifions, & Mr. Banks fut obligé d'aller dans les
bois vifiter Tubouraï pour en obtenir quelques
corbeilles de fruits à pain : il réuffit; mais on
fe plaignit avec amertume du traitement fait
à Tootahah ; peut-être en effet, eut-il à ef-
fuyer des brutalités de la part de nos foldats:
notre vifite nous reconcilia avec lui : en nous
y rendant, nous trouvâmes le rivage bordé
d'une foule d'Otahitiens, au milieu defquels
un grand homme de bonne mine, armé d'un
bâton blanc dont il frappait les Indiens, nous
fit faire un paffage : on nous criait: *Taio
Tootahah*, (Tootahah eft votre ami). Nous
le trouvâmes affis fous un arbre, environné
de vieillards vénérables : nous lui donnâmes
une hache, nous le revêtîmes d'un habit de
drap, fait à la mode de fon pays; il fit donner la chemife au grand homme qui nous
avait reçu, & pour lequel il défirait que nous
euffions des attentions particulieres. Oberea
& d'autres femmes étaient placées près de nous.
Tootahah fortit, & nous fit dire qu'il nous
attendait : nous le trouvâmes fous la banne

de notre propre bateau, où il nous fit figne d'entrer, & nous y offrit des rafraîchiffemens ; nous en primes pour lui complaire, puis il fortit, & dans quelques minutes on vint nous inviter à le fuivre ; il était dans une grande place qui touchait à fa maifon, paliffadée de bambous de trois pieds de haut : là, il voulut nous donner un divertiffement nouveau : c'était un combat de lutte : le chef & les principaux étaient placés dans la partie fupérieure de l'amphithéâtre, nos fiéges y étaient auffi, mais nous préférâmes d'être en liberté parmi les fpectateurs : nous vîmes entrer dans l'arène dix ou douze hommes, n'ayant de vêtement qu'une ceinture : ils en firent lentement le tour, les regards baiffés, la main gauche fur la poitrine ; de la main droite ouverte, ils frappaient fouvent avec roideur l'avant-bras de l'autre, comme pour fe défier : d'autres athletes les fuivirent ; il fe fit des défis particuliers, en appuyant fur la poitrine leurs doigts joints & remuant vivement les coudes de haut en bas : fi le lutteur acceptait le défi, il faifait les mêmes fignes ; alors ils en venaient aux mains ; ils cherchaient à fe faifir ou par la cuiffe, ou par la ceinture, ou par la main,

ou par les cheveux, & le plus fort renver-
sait l'autre, & les vieillards applaudissaient au
vainqueur par quelques mots que l'assemblée
répétait en chœur, & faisait suivre de grands
cris de joie, le vainqueur paraissait sans orgueil & le vaincu sans chagrin ni honte : d'autres couples succédaient à ceux-là : si aucun
des deux n'était renversé, ils se quittaient
d'un commun accord & en allaient défier d'autres. Pendant que ceux-ci luttaient, d'autres
dansaient ; rien ne troublait la bienveillance &
la joie universelles, quoiqu'il y eut au moins
cinq cents spectateurs. Ce spectacle dura deux
heures, il finit par un dîné que Tootahah fit
porter au vaisseau. Notre réconciliation avec lui
ramena l'abondance dans le marché : cependant
la verroterie perdait de son prix, il fallut
enfin montrer nos clous, & le marché alors fut
bien garni : les cochons seuls y étaient toujours rares, & quelques-uns d'entre nous allerent visiter la partie orientale de l'isle, pour
voir si l'on n'y en pourrait point acheter, ainsi
que de la volaille ; ils y virent des cochons
& une tourterelle ; mais tout, disait-on, y
appartenait à Tootahah, qui gouvernait en
souverain cette partie de l'isle : nous fûmes

depuis qu'il exerçait l'autorité au nom d'un mineur que nous n'avons point vu. Mr. Green remarqua dans cette partie de l'isle un arbre de 60 verges de circonférence : c'était un figuier dont les branches recourbées vers la terre y avaient pris de nouvelles racines, & ces tiges jointes ensemble semblaient n'en faire qu'une.

Une forge que nous avions établie donnait un nouvel aliment à la curiosité des Indiens; ils regardaient fabriquer nos instrumens, souvent ils priaient de leur en faire avec du vieux fer qu'ils avaient reçus du Dauphin : nous fimes plaisir à Oberea, en lui raccommodant une hache rompue: ils ne pouvaient prononcer nos noms, ils les changeaient ou par la disposition de leurs organes, ou en leur donnant un sens rélatif à ce qui les avait frappés dans chacun de nous. Pour eux Cook était *Toute;* Solander, *Torano;* Banks, *Tapane;* Green, *Eterée,* &c.

Le 12 Mai, nous reçûmes la visite de deux femmes & d'un homme que nous n'avions point vus encore, & qui nous aborderent avec des cérémonies singulieres : voyant Mr. Banks s'approcher, elles firent quinze pas, puis s'arrêterent, & lui firent signe d'en faire autant;

alors elles jetterent à terre une douzaine de jeunes planes & quelques petites plantes, & un homme qui paraiffait un domeftique, paffa à fix reprifes différentes, & remit à chaque tour une branche à Mr. Banks. *Tupia*, Indien affectionné aux Anglais, recevait & plaçait les rameaux ; puis un autre homme apporta un grand paquet d'étoffes ; il y en avait neuf pieces, & en ayant mis trois l'une fur l'autre, *Oorattooa*, la principale de ces femmes, monta fur ces étoffes, releva fes vètemens jufqu'à lá ceinture, & en fit trois fois le tour à pas lents, avec beaucoup de férieux, de fang-froid, avec un air d'innocence & de fimplicité difficile à peindre ; l'homme remit encore trois pieces fur les autres, la dame recommença fa cérémonie, elle la fit encore quand on eut accumulé les neuf pieces ; enfuite on replia les étoffes & on les offrit à Mr. Banks, qui leur donna auffi tout ce qu'il put croire leur être agréable : après avoir demeuré une heure dans la tente, elles fe retirerent.

Une aventure faillit de nous réduire encore à la difette. Mr. Banks fe promenant avec fon fufil, il rencontra Tubouraï qui lui arracha fubitement fon fufil, le banda, &

lâcha la détente, mais le coup ne partit pas : c'était un objet important pour les Anglais de cacher aux infulaires comment on maniait cette arme, & Mr. Banks fit des défenfes plus févères contre ceux qui oferaient les toucher, & y joignit des menaces. Tubouraï les écouta, puis quand l'Anglais fut éloigné, il partit avec toute fa famille pour fa maifon d'Eparre : nous craignimes les fuites de fon reffentiment, & Mr. Banks le fuivit pour le ramener ; il le trouva affligé, racontant fon aventure à fes compatriotes, & une de fes femmes en voyant les Anglais, fe déchira le front avec une dent de goulu de mer. On ne perdit pas un inftant pour les confoler : en montrant au chef qu'on ne lui voulait point de mal, il fe calma, & revint au fort paffer la nuit, pendant laquelle un Indien effaya encore de nous voler. Le lendemain, nous défirâmes que Tubouraï & fa femme affiftaffent au fervice divin ; on penfait qu'il nous ferait des queftions qui nous donneraient lieu de l'inftruire ; il y affifta, imita notre filence, fe leva, fe mit à genoux, puis fe retira fans nous rien demander : le foir les Indiens nous montrerent à leur tour une de leurs cérémonies : un jeune homme & une fille satisfirent leur penchant amoureux en public & sans y attacher aucune idée d'indécence.

Un acte d'un autre genre vint fournir matiere à nos réflexions : On nous vola une de nos pieces d'eau pendant la nuit, & le lendemain nous ne vîmes pas un Indien qui ne fut instruit, pas un qui ne fut disposé à nous indiquer où nous pourrions retrouver l'effet perdu ; quelque tems après, Tubouraï nous avertit qu'on devait le lendemain nous voler un autre tonneau, & il voulut coucher auprès pour l'empêcher, mais nous crûmes qu'il suffisait d'y placer une sentinelle, qui en effet apperçut un Indien s'approcher à minuit, & se retirer lorsqu'il vit un soldat qui veillait sur ce qu'il allait faire. Le chef qui nous avait averti du complot avait résisté jusqu'alors à la tentation, au penchant commun à tous ses compatriotes, & on ne se défiait point de lui ; il vit un panier où il y avait de grands clous, & en escamotta successivement cinq : on l'apperçut dérobant le dernier, il parut affligé, rendit un des clous & promit de rendre les autres ; mais au lieu de le faire, il se retira

avec fa famille ; on ne crut pas devoir le rechercher encore ; il revint de lui-même, ne
reçut qu'un accueil glacé , & fe retira mortifié; mais on ne put lui perfuader de rendre
les clous pour recouvrer notre amitié.

Le 27, nous allâmes rendre vifite à Tootahah qui nous y invitait depuis quelque tems :
nous le trouvâmes à *Atahourou*, prefque au
midi de l'isle, affis fous un arbre, environné
d'un grand nombre d'Otahitiens ; nous lui offrîmes un habit & un jupon d'étoffe qui lui
plûrent ; il voulut faire tuer un cochon pour
fouper & nous en promit d'autres ; mais comme
nous défirions moins de fouper que de nous
procurer des rafraichiffemens, nous le priâ-
mes de ne pas le tuer, & nous foupâmes avec
les fruits du pays. Nous nous couchâmes à la
nuit dans des pirogues. Mr. Banks alla dans
celle d'Oberea, où il fe déshabilla , & elle lui
dit qu'elle veillerait fur fes habits ; il s'en-
dormit tranquillement ; fur les onze heûres il
fe réveille, & preffé par un befoin, il cher-
che fes habits & ne les trouve plus : il éveille
Oberea, qui fe lève, allume des flambeaux,
& parait chercher les effets perdus. Tootahah
fe réveille auffi, fort de fa pirogue, & joint

ſes perquiſitions à celles d'Oberea ; les habits ne ſe retrouvent point. M. Banks n'avait que ſes culottes ; on lui avait pris ſon habit, ſa veſte, ſes piſtolets, ſa boîte à poudre & d'autres effets ; il lui reſtait encore un fuſil, mais il n'était point chargé, & il commença à craindre pour lui-même, parce qu'il était ſeul & ignorait où nous pouvions être ; il ſût cacher ſa crainte & ſes ſoupçons, parut ſatisfait des recherches qu'on avait faites, confia ſon fuſil à Tupia & ſe recoucha ; mais bientôt après il entendit de la muſique, il vit des lumieres : c'était un concert qui ſe préparait, & il eſpéra nous y trouver ; il vint preſque nud à l'endroit où le ſon ſe faiſait entendre ; il m'y trouva avec trois autres perſonnes du vaiſſeau, & nous le conſolâmes de ſa triſte aventure, en lui montrant que nous avions été auſſi maltraités que lui : quoique je n'euſſe pas dormi de toute la nuit, on m'avait volé mes bas même que j'avais placé ſous mon chevet. Quoique mal vêtus, nous écoutâmes la muſique ; elle était compoſée de quatre tambours, de pluſieurs voix & de trois flûtes à deux trous, dans leſquelles on ſoufflait avec les narines. Ce concert dura une heure, puis nous

allâmes nous recoucher, après être convenus
de ne pas nous plaindre & de nous raſſembler
à la pointe du jour. Alors Mr. Banks fut
revêtu par Oberea de quelques vêtemens Otahitiens, il reprit ſon fuſil que Tupia lui avait
gardé fidélement & vint nous rejoindre. Le
docteur Solander était le ſeul qui n'eut pas été
volé; nous ne pûmes perſuader à Tootahah
& à Oberea de faire des démarches pour retrouver nos habits que nous ne revîmes plus;
nous avions lieu de ſoupçonner nos hôtes
d'être complices du vol; nous demandâmes en
vain les cochons qu'on nous avait promis,
celui même que nous avions épargné le ſoir
précédent; il fallut nous en retourner, dépouillés, mécontens, & ſans autres proviſions
que ce que nous avions acheté du boucher &
du cuiſinier du prince. En nous en retournant nous eûmes un ſpectacle qui nous con-
ſola de nos diſgraces; nous vîmes dix ou douze
Indiens qui ſe plaiſaient à nager au milieu de
lames effrayantes qui ſemblaient devoir à chaque inſtant les mettre en pieces contre les
rocs où elles ſe briſaient : lorſque les vagues
briſaient près d'eux, ils plongeaient & ils re-
paraiſſaient de l'autre côté avec une adreſſe & une

facilité inconcevables : ils trouverent l'arriere d'une vieille pirogue qu'ils poufferent devant eux jufqu'à une affez grande diftance de la mer ; alors deux ou trois d'entr'eux fe mettaient deffus, & tournant le bout quarré contre la vague, ils étaient chaffés vers la côte avec une rapidité incroyable ; ordinairement la vague brifait fur eux avant qu'ils fuffent à moitié chemin, & alors ils plongeaient & fe relevaient d'un autre côté, en tenant toujours les débris de la pirogue ; ils fe remettaient à nager de nouveau au large, & revenaient enfuite par la même manœuvre ; nous contemplâmes pendant une heure cette fcène étonnante, & elle nous fit comprendre quelle force l'homme peut acquérir par l'exercice, & quelles facultés il peut développer.

Le jour où nous devions obferver le paffage de Vénus approchait, & pour être plus affuré d'y réuffir, nous réfolûmes de nous difperfer : j'envoyai quelques - uns de mes officiers dans la partie orientale de l'isle avec des inftrumens, & d'autres fuivis de Mr. Banks & de Tubouraï, dans l'isle d'*Imao* ou *Eimao*, fituée à fept lieues au couchant, & appellée par le capitaine Wallis, *Isle du Duc d'York* ;

ils y arriverent pendant la nuit, & tandis que
M. Gore & Monkhouſe préparaient les inſtru-
mens & les tentes ſur un lit de ſable blanc
qui ſe trouvait au centre d'un grand rocher,
Mr. Banks, ſuivi des inſulaires d'Otahiti, alla
dans l'intérieur de l'isle acheter des proviſions:
il trouva tout en ordre lorſqu'il revint, les
téleſcopes furent fixés & éprouvés: la ſoirée
fut très-belle, chacun fit la garde à ſon tour
pendant la nuit, on rapportait en rentrant
dans la tente des craintes ou des eſpérances
pour le lendemain; le tems eſt toujours ſe-
rein diſait l'un; il s'obſcurcit, diſait un autre.
On fut debout à la pointe du jour, 3ᵉ Juin;
on vit le ſoleil ſe lever ſans nuage; & tandis
que Mrs. Gore & Monkhouſe ſe diſpoſaient à
obſerver, M. Banks vint ſe placer ſous un
arbre pour faire ſes échanges avec les inſulaires: pour n'en être pas incommodé, il
traça un cercle autour de lui qu'il ne leur
permit pas de paſſer: il trouva que les productions d'*Imao* étaient les mêmes que celles
d'Otahiti, & que leurs habitans ſe reſſemblaient; il y reçut la viſite du roi de l'isle,
Tarrao & de ſa ſœur *Nuna*; il les introduiſit
dans ſon cercle, leur fit préſent d'une hache,

d'une chemife, de quelques verroteries, en échange d'un chien, d'un cochon, & des fruits du pays qu'il en avait reçu : il les mena vers l'obfervatoire, leur montra la planète au-deffus du foleil & tâcha de leur faire comprendre que c'était pour obferver ce phénomème que fes compagnons & lui avaient quitté leur pays. Le paffage de Vénus fut fuivi dans nos trois obfervatoires avec la plus grande facilité; mais la joie que nous en reffentimes fut troublée par le vol d'un cent pefant de clous fait par nos matelots. On ne découvrit qu'un des voleurs qui avait fept clous, mais on ne put lui faire réveler fes complices.

Peu de jours après, il mourut à Otahiti une vieille parente de Tomia, ce qui nous fournit l'occafion d'obferver les funerailles de ces peuples. Au milieu d'une petite place quarrée, paliffadée de bambous, ils drefferent fur deux poteaux le pavillon d'une pirogue & placerent le corps deffous fur un chaffis, couvert d'une belle étoffe, ayant près de lui des provifions, alimens préparés comme nous le penfions, pour l'efprit du défunt; mais Tubouraï nous fit entendre qu'ils étaient une offrande à leurs Dieux, & un témoignage

de refpect : vis-à-vis le quarré , les parens s'af-
femblaient pour s'affliger enfemble ; au-deffous
du pavillon , était une multitude de pieces
d'étoffes fur lefquelles les pleureurs avaient
verfé des larmes & du fang, forti des bleffures qu'ils fe faifaient avec la dent du goulu
de mer. A quelques pas font deux petites
huttes ; dans l'une quelques parens du défunt
réfide habituellement , dans l'autre demeure
le principal perfonnage de deuil, lequel eft toujours revêtu d'un habillement fingulier & qui,
quelques jours après , devait exécuter des
cérémonies bizarres. M. Banks curieux de les
voir, & ne le pouvant s'il n'y jouait un rôle,
y confentit : on le dépouilla de fes habits,
on noua autour de fes reins une piece d'étoffe,
on lui barbouilla tout le corps jufqu'aux épaules de charbon délaié dans l'eau ; on noircit
de même les autres fpectateurs, puis le convoi
fe mit en marche. Tubouraï était à la tête,
il prononçait auprès du corps quelques mots
qui nous parurent être une priere , le convoi
s'avançait , tous les Otahitiens fe cachaient
devant lui , ils fuyaient dès qu'ils l'apperce-
vaient : il traverfa la riviere près de notre
fort, toutes les maifons fur fon paffage de-

vinrent défertes ; la proceffion dura plus de demi-heure; on alla dire enfuite au principal perfonnage de deuil, *Imatata*, c'eft-à-dire, il n'y a perfonne; alors tous les gens du convoi allerent fe baigner dans la riviere & reprirent leurs habits ordinaires. Quand le cadavre eft tombé en pourriture, on en enterre les os près du lieu où il fut expofé.

Les infulaires apportaient rarement au fort leurs arcs & leurs flèches, cependant Tubouraï vint nous montrer les fiens. Il tira une flèche à deux cent foixante-quatorze verges. Ces flèches ne font point empennées ; ils la décochent à genoux, & quand elle part, ils laiffent tomber l'arc ; fouvent fa corde eft faite de cheveux treffés ; deux de nos matelots en volerent aux Indiens qui vinrent s'en plaindre, & nous punîmes chacun des coupables de vingt-quatre coups de fouet.

Nous découvrîmes un jour qu'il y a dans cette isle des muficiens ambulans ; nous nous raffemblâmes dans un lieu où ils devaient paffer la nuit, ils avaient deux flûtes & trois tambours : ces derniers joignent leurs voix à la mufique, & nous étions le fujet des chanfons de ces efpeces de bardes ; on les recevait bien

dans

dans les maisons où ils allaient, & on leur y
donnait ce dont ils avaient besoin.

Un nouveau vol nous jeta dans de nouveaux
embarras ; un Indien trouva le moyen d'enlever
un fourgon par-dessus la palissade contre laquelle
il était appuyé ; j'avais donné ordre qu'on ne
tirât point sur les voleurs, les fusiller était
une punition trop cruelle pour un acte auquel
ils n'attachaient pas les mêmes idées que nous,
& d'ailleurs nos soldats l'auraient exercée trop
légérement ; les effrayer par l'explosion d'un
coup tiré à poudre, c'était les habituer à ne
pas craindre nos armes ; je voulais cependant mettre fin à ces vols fréquens, & je crus
en avoir trouvé le moyen en faisant saisir vingt
pirogues chargées de poissons, & en menaçant
d'y mettre le feu, si l'on ne rapportait tout
ce qu'on nous avait volé, & entr'autres nos
habits escamottés dans la visite que nous fîmes
à Tootahah. Ceux à qui appartenaient les pirogues nous firent rendre le fourgon, & nous
prierent instamment de relâcher leurs pirogues,
mais je le refusai jusqu'à ce qu'on eut tout re-
trouvé ; le lendemain arriva, on ne rapporta
rien ; cependant les poissons allaient se pour-
rir, & pensant qu'il était injuste de punir des

hommes qui fans doute n'étaient pas les maîtres de faire reftituer ce que nous redeman-
dions, je me décidai à permettre qu'on en-
levât le poiffon ; puis je relâchai les pirogues,
mortifié du mauvais fuccès de mon projet.

Un autre accident faillit encore de nous
brouiller avec les Indiens : j'envoyai chercher
du left pour mon vaiffeau, & nos matelots ne
trouvant pas d'abord des pierres qui leur con-
vinffent, fe mirent à abattre un mur qui renfermait le lieu où les os de quelques cadavres
avaient été enterrés ; les Indiens plus jaloux
de ce qu'on fait aux morts qu'aux vivans,
s'oppoferent à nous pour la premiere fois, avec
une violence qui en fit craindre les fuites ; Mr.
Banks accourut & termina le différend à l'amia-
ble. Nous avions un autre exemple de ce refpect pour les morts. Notre chirurgien Monkoufe fut frappé par un Otahitien , pour avoir
cueilli une fleur fur un arbre fitué dans un de
leurs enclos funéraires.

Oberea vint nous vifiter le 19 Juin ; foup-
çonnée d'avoir aidé au vol de nos habits, elle
montra d'abord de l'embarras , mais le fur-
monta avec une force qui nous étonna : nous
ne voulûmes pas qu'elle couchât au fort, &

elle en fut très-mortifiée ; le lendemain elle revint au fort avec fa pirogue, fe remettant dans nos mains avec une confiance que nous admirâmes ; elle nous fit préfent d'un chien, d'un cochon, & de diverfes autres chofes: elle cherchait à rentrer dans nos bonnes graces, & nous parûmes oublier notre mécontentement.

Nous avions vu les Indiens préférer la chair du chien à celle du cochon, nous voulûmes vérifier fi en effet elle méritait cette préférence, & nous livrâmes notre chien à l'Indien Tupia pour qu'il l'apprètât à leur maniere. Ils ne nourriffent ces chiens qu'avec des fruits ; ils les étouffent en leur ferrant fortement le mufeau, en font tomber le poil en les flambant & les raclant avec une coquille ; les fendent, en lavent les inteftins, échauffent un trou fait dans la terre, mettent au fond des pierres un peu chaudes, les couvrent de feuilles, puis y placent le chien avec fes inteftins, le recouvrent de feuilles, de pierres chaudes, & le bouchent par-tout avec de la terre : dans quatre heures il eft cuit : nous trouvâmes que c'était un excellent mèts.

Le 21, nous reçûmes la vifite d'un chef que

nous n'avions point vu encore, on le nommait *Oamo*, & les Indiens lui témoignaient un respect extraordinaire : il menait avec lui une fille de seize ans & un garçon de sept, porté par honneur sur le dos d'un homme; dès qu'on les apperçut, Oberea & tous les Indiens qui étaient au fort allerent au-devant de lui, après s'être découverts la tète & le corps jusqu'à la ceinture. Le chef entra dans la tente; mais la jeune femme, ni le jeune homme ne voulurent y entrer; les Indiens eux-mèmes s'y opposaient, & le docteur Solander ayant pris le jeune homme par la main & conduit dans la tente, les Otahitiens qui s'y trouvaient se hâterent de l'en faire fortir. Nous sûmes ensuite qu'Oamo était le mari d'Oberea; qu'ils s'étaient séparés d'un commun accord; que la jeune femme & le jeune homme étaient leurs enfans; que ce dernier s'appellait *Terridiri;* que la fille devait ètre sa femme & était sa sœur, qu'il devait à son tour ètre souverain de l'isle. Nous apprîmes encore que *Whappaï*, *Oamo*, *Tootahah* étaient freres, que le souverain actuel était fils du premier & s'appellait *Outou;* qu'un usage consacré dans l'isle voulait que le fils succédât à son pere dès le moment de fa naiffance, & que fon pere ou fon oncle gouvernait pour lui jufqu'à ce qu'il fut en état de le faire lui-même.

Je voulus dreffer une carte de l'isle, de fes côtes, de fes havres, & je m'embarquai avec M. Banks dans la pinaffe ; nous nous dirigeâmes à l'orient, vifitâmes le quartier d'*Oahounue*, où nous fûmes accueillis par des chefs que nous avions vus au port, & le havre d'*Ohidea*, fitué au couchant d'une grande baie, à l'abri des deux petites isles de *Boourou* & de *Taawirrii* ; l'abri n'eft pas excellent : c'eft-là que mouilla M. de Bougainville. Nous pourfuivîmes notre route vers un ifthme placé au fond de la baie, laquelle partage l'isle en deux péninfules qui ont un gouvernement indépendant l'un de l'autre ; la côte était plate, bordée de rochers qui laiffaient des ouvertures & formaient des havres fûrs ; nous pafsâmes la nuit à terre chez des hôtes que nous connaiffions, & le matin nous examinâmes le pays aux environs de cette grande baie : c'était une plaine marécageufe qui fépare les deux royaumes, & au travers de laquelle les Indiens portaient leurs canots de l'autre côté. Nous n'y trouvâmes point de fruits à acheter.

Après avoir navigué quelques milles, nous defcendîmes dans le diftrict d'un chef nommé *Maraitata*, ou le tombeau des hommes : fon pere s'appellait *Parahairedo*, le voleur de pirogues : mais ni l'un ni l'autre ne juftifierent leurs noms, & ils nous reçurent avec la plus grande honnèteté. De-là, nous nous rendîmes à pied dans le diftrict qui dépend immédiatement de *Waheatua*, roi de la péninfule : il eft compofé d'une grande & fertile plaine, arrofée par une grande riviere ; elle eft peu habitée : en fuivant la côte qui forme la baie *Oaitipeha*, nous rencontrâmes Waheatua affis près de quelques pavillons de petites pirogues ; c'était un homme maigre, dont le tems avait blanchi la barbe & les cheveux, ayant avec lui une jeune femme de vingt-cinq ans ; là font des havres où les vaiffeaux feraient en pleine fûreté ; plus loin, le pays eft cultivé ; les ruiffeaux y font refferrés entre des lits étroits de pierres, la côte en eft bordée : les maifons y font affez rares & petites, les pirogues grandes, bien faites, & leurs pavillons foutenus par des colonnes ; les bâtimens fépulcraux étaient propres, bien entretenus, décorés de planches fur lefquelles on avait fculpté différentes figures d'oiſeaux & d'hommes ; nous ne vîmes point de fruits à pain, dans ce canton fertile, les arbres y paraiſſent ſtériles, & il nous parut qu'une noix aſſez ſemblable à notre châtaigne, était la principale nourriture des habitans : ils les nomment *ahées*.

Nous remontâmes dans la chaloupe & débarquâmes enſuite vis-à-vis la petite isle d'*Otoo-racite*, dans une petite anſe, près d'une maiſon déſerte où nous paſsâmes la nuit ; nous manquions de proviſions, & M. Banks alla dans l'obſcurité en chercher dans les bois ; il n'y trouva qu'une cabane inhabitée, & ne rapporta qu'un fruit à pain & quelques ahées, qui, joints à un canard & quelques corlieux, nous firent un ſouper abondant, mais peu agréable par le défaut de pain. Le lendemain, n'ayant pu nous procurer des proviſions, nous viſitâmes la côte ſud-eſt, où le pied des collines eſt baigné par la mer ſans être défendu par des rochers ; nous parcourûmes la partie méridionale à pied ; elle eſt très-fertile : nous arrivâmes en un lieu dont nous connaiſſions les habitans, & nous y fûmes bien reçus ; nous y achetâmes quelques noix de cocos, & continuant notre route, nous parvinmes dans le diſ-

trict de *Matthiabo*, où nous trouvâmes des
cocos & des fruits à pain : le chef nous vendit un cochon pour une bouteille de verre ;
il avait reçu du Dauphin une oie & une dinde
qui s'étaient fort engraiſſées & ſuivaient les
Indiens qui les aimaient paſſionnément.

Nous eûmes là un ſpectacle nouveau ; ſur
un bout de planche circulaire on voyait quinze
mâchoires d'hommes ſuſpendues ; elles étaient
fraîches & avaient toutes leurs dents : nous ne
pûmes apprendre alors pourquoi elles étaient
là. Le chef s'embarqua avec nous & guida notre bâtiment au travers des bas-fonds, puis
nous vîmes la baie méridionale qui répond à
celle dont nous avons parlé, & qui avec elle
partage l'isle en deux parties. *Wiweron*, chef
du diſtrict, envoya de belles femmes au-devant
de nous dans des pirogues, pour nous inviter
à deſcendre ; il nous reçut amicalement, &
nous ſoupâmes fort agréablement enſemble ;
lorſqu'il s'agit de ſe coucher, M. Banks s'enveloppa dans un manteau. Matthiabo en demanda un ſemblable, & s'enfuit quand on le
lui eut donné. Nous le redemandâmes aux Indiens qui nous environnaient, M. Banks montra ſon redoutable piſtolet, & les Indiens eſ-

frayés difparurent; on en atteignit un qu'on obligea de nous fervir de guide; nous courions, & cependant la terreur nous avait devancés, bientôt nous reçûmes le manteau que Matthiabo épouvanté avait abandonné. Nous revinmes & trouvâmes alors la maifon déferte; cependant les Indiens s'étant affurés que nous n'en voulions qu'au voleur, fe rapprocherent & pafferent la nuit avec nous: elle fut tranquille, mais de grand matin on nous vint dire que notre bateau n'y était plus, nous courûmes fur le rivage, le tems était ferein, on voyait au loin fur la mer qui était paifible, & nous ne pûmes voir notre bateau. Diverfes craintes nous agitaient; nous nous trouvions mal armés, loin de tout fecours, & nous paffâmes quelques momens dans un état d'anxiété cruelle; cependant la marée qui feule avait chaffé le bateau le ramena, & nous fûmes honteux de ne l'avoir pas préfumé.

Nous nous hâtâmes de quitter ce lieu, de peur qu'un nouvel accident ne vint nous y furprendre: on y trouve un havre grand, bon & commode; le pays eft riche en productions, il eft peuplé, & fes habitans font très-honnêtes. Le premier diftrict que nous rencontrâmes était gouverné par *Omoé*, chef qui bâtiffait une maifon , & aurait acheté une hache à tout prix, mais nous n'en avions point ; il ne fe foucia pas de nos cloux ; il nous accompagna & nous montra un fort beau cochon qu'il nous donnait pour une hache : nous lui dimes que s'il voulait l'envoyer au vaiffeau, nous lui donnerions ce qu'il demandait ; il y confentit & ne le fit pas. Dans ce lieu , nous vîmes une figure d'homme faite d'ofier , ayant fept pieds de haut, mal deffinée, dont la carcaffe était couverte de plumes blanches & noires, elle avait une efpece de cheveux & quatre protubérances ou cornes, trois au front & une derriere ; elle était unique dans Otahiti , & s'appellait *Manioe ;* c'eft une repréfentation de *Mauwe*, un de leurs *Eatuas* de la feconde claffe.

Nous arrivâmes enfin à *Opoureonu* , péninfule du nord-oueft de l'isle ; nous n'y remarquâmes qu'un lieu de dépôt pour les morts fingulièrement décoré. Sur un pavé très-propre s'élevait une pyramide de cinq pieds de haut , couverte de fruits de deux plantes particulieres à l'isle ; près d'elle était une figure de pierre mal travaillée , revêtue d'un hangar fait exprès : c'eſt le ſeul exemple de ſculpture en pierre que nous ayons vu à Otahiti.

Le havre où nous mîmes notre bateau eſt à cinq milles de l'iſthme, entre deux petites isles, dans le diſtrict qui appartenait à Oamo & Oberea ; ils étaient allés nous rendre viſite au fort ; nous choisimes la maiſon d'Oberea pour y paſſer la nuit ; eile était très-propre, & ſon pere nous reçut avec affection. Avant la nuit nous allâmes viſiter un enclos ou *Moraï*, lieu où l'on enterre les os & rend un culte religieux. Nous y vîmes le *Moraï* d'Oamo & d'Oberea, énorme bâtiment, & le principal monument d'architecture de ces peuples ; c'eſt une pyramide de pierre, dont la baſe eſt un quarré long, dont un des côtés a 267 pieds, & l'autre 87, élevée ſur de petites élévations pyramidales ; le ſommet ſe terminait en faite comme une maiſon ; nous comptâmes onze rampes du pied au ſommet, & chacune avait quatre pieds de haut : les marches étaient de corail blanc : ces pierres étaient grandes, taillées, polies, nous en meſurâmes une qui avait trois pieds & demi de long, & deux pieds quatre pouces de large ; le reſte du bâtiment conſiſtait en cailloux ronds & réguliers ; la baſe était de pierre de roche, taillées en quarrés; cette masse étonnait, parce qu'elle avait été faite sans fer pour tailler la pierre, & sans mortier pour les joindre; la structure en était très-solide; l'on ne voit aucune carriere dans le voisinage, le corail se trouve dans la mer à la profondeur de trois pieds; au milieu du sommet est une figure d'oiseau sculptée en bois, & près d'elle une figure de poisson en pierre, mais brisée; le bâtiment s'élevait au milieu d'une grande place quarrée, entourée de murs, pavée de pierres plates, ombragée par des *Etoa*; à cent verges de-là, vers le couchant, étaient de petites plate-formes élevées sur des colonnes de bois; on y place les offrandes aux Dieux, & on les nomme *Ewattas*. Ce monument prouvait l'ancienne puissance d'Oberoa: une multitude d'ossemens humains que nous trouvâmes sur la côte nous fournit l'occasion d'apprendre comment elle l'avait perdue. Quatre ou cinq mois avant notre arrivée, le peuple de *Tierrabou*, ou de la péninsule d'Otahiti, avaient fait une descente dans ce lieu, & massacré un grand nombre d'habitans, dont nous voyions les os; au lieu de se défendre avec courage, Oamo & Oberea s'étaient enfuis dans les montagnes & avaient laiſſé l'ennemi détruire les maiſons, & emmener tous les animaux qui s'y trouvaient; que cette fuite avait fait paſſer le pouvoir en d'autres mains: nous apprîmes encore là que les mâchoires d'hommes que nous avions vues ſuſpendues à une planche arrondie, étaient un trophée élevé à cette occaſion.

Nous partîmes & vinmes chez Tootahah, que nous n'avions pas vu depuis notre déſaſtreuſe viſite; celle-ci fut plus heureuſe, nous y ſoupâmes bien, y dormîmes en paix, & n'y perdîmes rien. Nous arrivâmes le premier Juillet à notre fort, après avoir fait le tour de l'isle que nous trouvâmes de trente lieues.

La diſette de fruits à pain ſe faiſait ſentir, la récolte en était épuiſée, celle que les arbres promettaient ne devait ſe faire que dans trois mois; les Indiens ne ſe nourriſſaient plus que d'une pâte aigrelette, faite de jeunes fruits broyés qui, après avoir fermenté, ſe conſerve long-tems, ils y joignaient des fruits de plane ſauvage & d'ashées, & de là venait que nous en trouvions ſi peu dans notre voyage. M. Banks paraiſſait y avoir pris goût; il en entreprit un nouveau pour remonter la riviere, & voir juſqu'où ſes bords étaient habités. Dans

les deux premieres lieues, elle courait dans
une vallée large de quatre cents verges; fes
bords étaient habités dans tout eet efpace;
& la derniere maifon qu'il trouva fut pour lui
un afyle agréable. Il s'avança deux lieues plus
loin encore, où il traverfa fouvent fous des
voûtes formées par des fragmens de rochers
où couchaient les Indiens furpris par la nuit;
la riviere n'eft enfuite bordée que par des rocs
efcarpés; il en defcendait une cafcade qui formait un lac que les Otahitiens ne traverfent
pas; il eft la borne de leurs courfes. Sur le
penchant des rocs, fur les plaines qui font au
fommet, ils recueillent des fruits fauvages du
plane: le chemin qui conduit fur ces fommets
eft effrayant, les côtés en font perpendiculaires & élevés de cent pieds, des ruiffeaux qui
jailliffent des fentes le rendent gliffant; le fentier était formé fur ces précipices avec des tiges d'une efpece d'orties en arbres, dont les
bouts pendans en dehors fervaient de corde à
l'homme qui voulait y grimper. Ce fut le terme
de la courfe de M. Banks; rien au-delà ne pro-
mettait de le dédommager du danger qu'on y
court: dans tous ces lieux il ne découvrit aucun veftige de mines; les rocs lui parurent

brûlés : toutes les pierres d'Otahiti portent des
marques incontestables du feu, à l'exception
du caillou dont on fait des haches ; quelques
cailloux mêmes font réduits en pierres ponces,
l'argile montre aussi des traces de feu. Ces
isles ne feraient-elles point les débris d'un continent détruit par un feu fouterrain dans lefquels les eaux de la mer pénétrerent & caufe-
rent une explofion ? ou l'explofion fe fit-elle
du fein de la mer, & éleva-t-elle ces isles au-
deffus de fa furface ? Ce qui rend ces opinions
probables, ce font les rocs qui les environnent & la profondeur de l'eau à peu de diftance
des côtes.

Nous avions planté des pepins de melons &
d'autres graines ; celle de moutarde feule germa,
fans doute elles furent gâtées par le défaut abfolu
d'air dans les bouteilles où nous les avions mifes:
nous en replantâmes d'autres à notre départ, de
diverfes plantes recueillies à Rio-Janeiro, nous
en donnâmes aux Indiens ; nous en vîmes déjà
les plantes s'accroître, & nous efpérons avoir
fait un préfent utile à cette isle.

Nous nous difpofions au départ & reçûmes
plufieurs vifites, parmi lefquelles fut celle du
filou qui nous avait enlevé notre quart de no-

nante ; le zele des autres Indiens lui ôta l'espérance d'exercer son adresse ; nous démantelâmes le fort , plusieurs Otahitiens voyaient avec regret ces préparatifs qui annonçaient notre départ, & nous y étions sensibles : nous espérions les quitter sans leur faire & sans en recevoir d'offenses : il ne fut pas possible d'éviter une querelle. Deux jeunes soldats de marine s'échapperent pour rester dans l'isle : je ne pouvais leur permettre de rester : il me fallut employer des moyens violens pour recouvrer ces déserteurs , & retenir quelques chefs Indiens jusqu'à ce qu'on eut ramené les deux soldats que les insulaires voulaient me cacher, & je les fis conduire au vaisseau , sans cependant leur inspirer de craintes. On m'en ramena un alors , mais on retint l'autre avec le caporal & le bas - officier que j'avais envoyé pour les prendre jusqu'à ce que j'eusse relâché Tootahah qui était parmi mes ôtages ; je fus ferme à exiger qu'ils me rendissent & mes hommes & leurs armes. On les relâcha & les chefs furent libres. Ce qui avait causé leur défertion était l'amour : deux jeunes filles leur avaient fait prendre la résolution de renoncer à leur patrie pour se fixer à Otahiti.

Un

Un Indien penſait, de ſon côté, à nous ſuivre : c'était *Tupia*, dont nous avons déjà parlé : il avait été premier miniſtre d'Oberea : il était le principal *Tahowa* ou prêtre de l'isle, connaiſſait les principes de ſa religion, & était expert dans la navigation : nous eſpérions qu'il apprendrait notre langue, ou nous la ſienne, qu'il nous inſtruirait de divers objets intéreſ-ſans, & nous ne fûmes pas fâchés lorſqu'il nous pria de lui permettre de faire le voyage avec nous : il alla dire adieu à ſes amis, em-portant un portrait en miniature de M. Banks pour le leur montrer : il revint & bientôt nous levâmes l'ancre ; les naturels du pays nous quitterent en verſant des larmes, & pénétrés d'une triſteſſe modeſte & ſilencieuſe ; pluſieurs nous ſuivirent dans leurs pirogues en faiſant de grands cris. Tupia ne put s'empêcher de pleu-rer en quittant l'isle, mais il ſurmonta ſa fai-bleſſe avec une fermeté que nous admirâmes ; de la grande hune il ne ceſſa de faire des ſignes aux pirogues que lorſqu'il les eut perdu de vue. C'eſt ainſi que nous quittâmes *Otahiti* : nous y eûmes des différends que nous ne pûmes prévenir ; mais en général nous nous ren-dimes mutuellement toutes ſortes de bons offices ; tous les échanges, conduits fur-tout par M. Banks qui était infatigable, fe firent avec la plus grande bonne foi. Ceux qui voudront y commercer, doivent y porter de petites & de grandes haches, des cloux de fiche, de grand's cloux, des lunettes, des couteaux, des verroteries, de belles étoffes de laine blanches ou imprimées : mais une hache de demi écu, y a plus de valeur qu'une piece d'étoffe d'un louis.

Raffemblons ici tout ce que nous avons pu favoir de cette isle par nos obfervations, ou par fes habitans. Cette isle eft environnée de rochers de corail, qui laiffent entr'eux, des havres fûrs & commodes, lefquels peuvent recevoir un grand nombre de gros vaiffeaux : celui où nous demeurâmes eft un des meilleurs ; une haute montagne fituée dans le milieu de l'isle le fait reconnaître : fa pointe orientale eft fous le 228.ᵉ degré ; fa côte eft une belle grève de fable, une belle riviere y fournit des eaux faines & abondantes ; on n'y trouve, non plus que dans toute l'isle, d'autres bois à brûler que celui des arbres fruitiers. En général, la furface du pays eft inégale ; au centre font des montagnes qu'on voit à la diftance de vingt lieues : entr'elles & la mer eft une bordure baffe dont la largeur varie, mais qui n'a nulle part plus d'une demi-lieue ; là le fol eft extrêmement riche & fertile, arrofé par mille ruiffeaux d'une eau excellente, couvert d'arbres fruitiers dont le feuillage eft épais , & la tige très-forte ; les montagnes, quoique en général ftériles & brûlées, renferment cependant des lieux riches en diverfes productions : il n'y a d'habité que la bordure baffe & les vallées ; les maifons y font difperfées, environnées de petits planes : au rapport de Tupia , toute l'isle pouvait fournir 6780 combattans. Elle produit des fruits à pain fur des arbres de la groffeur du chène, dont les feuilles, longues d'un pied & demi, ont les finuofités de celles du figuier, & leur reffemblent encore par la confiftance, la couleur, & un fuc laiteux & blanchâtre ; le fruit eft de la groffeur de la tête d'un enfant : des réfeaux, comme ceux de la truffe, font à fa furface, une peau légere les recouvre ; la chair en eft très-blanche & eft un peu plus ferme que le pain frais, fon goût eft prefque infipide, & on le grille avant de le manger. Cette isle produit auffi treize fortes de bananes excellentes , des planes , un fruit semblable à la pomme ; des patates douces , des ignames , du cacao , une espece d'arum , des cannes à sucre , un fruit délicieux nommé *Jambu* , une racine de salep , la racine *Etee*, l'*Ashee* qui croît en gousse & se rôtit comme la châtaigne , dont il a le goût , le *Wharra* , arbre dont le fruit ressemble à la pomme de pin ; les pauvres s'y nourrissent principalement du *Nono* , d'une espece de fougere , de la racine de *Theve* ; tous ces fruits croissent sans culture ; on y trouve des mûriers dont on fait le papier Chinois , & diverses autres plantes qui rentrent dans quelques especes des nôtres sans être les mêmes ; on n'y trouve aucune espece de fruits , de légumes & de plantes d'Europe. Il n'y a d'animaux apprivoisés que ceux dont nous avons parlé ; les canards , les pigeons , les perroquets , quelques oiseaux , des rats sont ses seuls animaux sauvages ; les poissons y sont très-abondans. Les hommes sont plus grands que nous : ils sont fort bien faits : les femmes d'un rang distingué sont plus grandes que les autres , peut-être parce qu'elles se livrent moins de bonne heure à l'amour qui les énerve ; leur teint est un brun olive , assez foncé dans ceux qui vivent au grand air : leur peau eſt délicate & polie, mais non colorée : la forme de leur viſage eſt agréable ; ils n'ont ni les pomme- lettes élevées, ni les yeux creux, ni le front proéminent, mais leur nez eſt un peu applati : leurs yeux ſont pleins d'expreſſion & de ſen- ſibilité, leurs dents égales & blanches, leur haleine douce, leurs cheveux noirs & un peu rudes, les femmes les portent coupés autour des oreilles, les hommes les laiſſent flotter en boucles ſur les épaules : leurs mouvemens ſont remplis de vigueur & d'aiſance, leur dé- marche agréable, leur maniere noble & géné- reuſe ; ils ſont d'un caractere franc, ſans ſoup- çon ni perfidie, ſans penchant à la vengeance & à la cruauté : nous nous livrions à eux ſans crainte, & ſans leur penchant au vol, nous n'aurions vu en eux que les êtres les plus ai- mables de la nature.

Nous y avons vu des eſpeces d'*Albinos :* leur peau eſt d'un blanc mat ; leurs cheveux, leur barbe, leurs ſourcils ſont blancs, leurs yeux rouges & faibles, leur vue courte, leur peau teigneuſe & revêtue d'un duvet blanc ; aucun n'appartenait à la même famille.

Les Otahitiens s'oignent la tête d'une huile

exprimée du coco, dans laquelle ils font in-
fufer des herbes '& des fleurs odoriférantes,
dont l'odeur nous parut d'abord très-agréable.
Le défaut de peigne fait qu'ils ont des poux,
& la populace les mange; excepté fur ce
point, ils font d'une propreté extrême, & ils
fe fervirent de nos peignes avec un empreffe-
ment qui nous montra qu'ils n'avaient de la
vermine que parce qu'ils ne pouvaient fe l'ôter;
ils fe lavent le corps trois fois par jour dans
une eau courante; ils fe piquent la peau avec
un inftrument partagé en dents aiguës, qu'ils
plongent dans un noir de fumée délayé dans
l'eau, ils placent la dent fur la peau, & frap-
pant avec un bâton, percent la peau, dans laquelle ils dépofent un noir qui ne s'efface jamais, & on leur deffine ainfi différentes figures; l'opération eft douloureufe : on la fait aux
deux fexes à l'âge de douze à quatorze ans:
ç'eft fur-tout fur les feffes que font imprimées
un plus grand nombre de figures, fur le vifage
ils n'en mettent point: il les montrent avec
une forte d'oftentation : nous n'avons pu favoir l'origine de cette coutume finguliere.

Dans les tems fecs, ils portent une étoffe
qui ne réfifte pas à l'eau; quand il pleut, ils fe

couvrent de nattes, & les arrangent de différentes manieres. L'habillement des femmes eſt
compoſé d'une longue piece d'étoffe dont elles
enveloppent pluſieurs fois leurs reins, & qui
retombe juſqu'à moitié jambe; deux ou trois
autres pieces d'étoffes ſont percées pour y paſſer la tète, les bouts retombent devant & derriere, s'attachent avec une ceinture, & laiſſent
les bras libres : l'habillement des hommes eſt
ſemblable, excepté que la premiere piece eſt
paſſée autour de leurs cuiſſes en forme de culottes : plus un homme eſt diſtingué, plus il
porte d'étoffes : les principaux en ont deux
qui flottent ſur les épaules comme un manteau; quand il fait chaud, le peuple va preſque
nud; le ſoir les femmes d'un rang élevé ſe
découvrent juſqu'à la ceinture : leurs jambes,
leurs pieds ne ſont point couverts, un petit
bonnet de natte ou de feuilles de cocos dérobe
la tète à l'ardeur du ſoleil; les femmes portent
une eſpece de turban, ou entortillent leurs
cheveux avec du fil compoſé de cheveux treſ-
ſés & les ornent de fleurs; les hommes les
ornent des plumes de la queue d'un oiſeau
du tropique, ou d'une guirlande biſarre de
fleurs collées ſur du bois : les deux ſexes por-

G 4

tent des pendans d'oreilles de coquilles, de pois ou graines rouges, mais d'un feul côté; ils fe font fervis de nos quincailleries pour cet ufage.

Les enfans font nuds : les filles jufqu'à trois ou quatre ans, les garçons jufqu'à fix ou fept.

Toutes les maifons font ornées du plus bel ombrage, & de promenades délicieufes, formées par des arbres élevés où l'on jouit de la fraicheur en refpirant l'air qui y circule librement : nous avons dit que leurs maifons font toutes ouvertes & fans murs : on y paffe la nuit, on y mange quand il fait la pluie : ordinairement ils mangent en plein air fous un arbre : les maîtres fe couchent au milieu de la cabane, les enfans à leurs pieds, les ferviteurs dorment fous le ciel quand il ne pleut pas ; les chefs ont de petites maifons qu'ils tranfportent fur leurs pirogues : des feuilles de cocos en forment les murs ; il en eft d'autres qui ont 200 pieds de long, font conf-truites aux frais communs de ceux qui habitent le diftrict & fervent à leurs affemblées : nul n'a de retraite cachée, car ils ne connaiffent pas la honte dans des actes naturels, ni ce que nous appellons la décence dans le difcours.

Leur principale nourriture confifte en végétaux: les poissons leur fournissent un aliment qu'ils aiment, ils mangent cruds les plus petits, font passionnés de l'écrévisse, du cancre, des coquillages, des insectes de mer. Le fruit à pain est la base de leur repas: chaque Otahitien plante l'arbre qui le nourrit: les noix de cocos, les bananes, les planes & d'autres fruits suppléent à son défaut; nous avons parlé de leur maniere de faire cuire les alimens & de les préparer: l'eau salée en est la sauce universelle, & la mer la leur fournit: ils en font cependant une avec l'amande de noix de cocos fermentée & salée; l'eau & le jus de cette noix est leur seule boisson; . ils ne mâchent aucun narcotique; en leur donnant des liqueurs énivrantes, on les en dégoûtait pour jamais: ils s'énivrent cependant quelquefois avec le jus exprimé de la feuille d'une plante, mais il n'y a qu'un tems pour trouver cette plante mûre, & les chefs seuls se la réservent. Ils n'ont point de tables, ils mangent seuls, excepté lorsqu'un étranger leur rend visite, & ordinairement sous un arbre; des feuilles servent de nape, un panier contient la provision, deux coques de noix de cocos font remplies, l'une d'eau salée qui sert de sauce, l'autre d'eau

douce: les mets font proprement enveloppés
de feuilles; on mange avec les doigts, mais
on les lave fouvent: on broie le fruit à pain
avec un caillou fur un tronçon de bois, ou
l'humecte & le réduit en pâte molle qui reffemble à un flan épais, & on le hume comme
une gelée; le repas finit toujours en fe lavant
la bouche & les dents; ils mangent beaucoup
à la fois, & en général les repas n'y font pas
gais; les femmes n'y paraiffent pas; c'eft un
befoin qu'on fatisfait avec avidité; ce n'eft pas
un moment de récréation où l'on fe raffem-
ble pour jouir des agrémens de la fociété;
quand ils venaient nous rendre vifite, chacun
apportait fon panier de provifions, & lorfque
nous nous mettions à table, ils fortaient, s'af-
feyaient à deux ou trois verges l'un de l'autre
en fe tournant le dos, & mangeaient feul fans
dire un mot. Ordinairement ils dorment après
leur repas & dans le milieu du jour; ils font
très-indolens; manger, dormir, femblent être
leurs principales occupations.

Ils ont cependant des amufemens, & nous
avons parlé de quelques-uns; ils s'exercent à
décocher la flèche & à lancer la javeline: la
premiere très-loin, mais fans vifer à un but:

la seconde sans chercher à la lancer à une grande distance, mais à frapper une marque fixée : nous avons parlé de leur flûte : leur tambour est formé d'un tronc de bois cylindrique, creusé, solide à l'un des bouts, recouvert à l'autre avec la peau d'un goulu de mer ; ils le frappent avec les mains : ils ne connaissent point la maniere d'accorder ensemble deux tambours de sons différens ; mais ils savent très-bien mettre leurs flûtes à l'unisson ; ils joignent leurs voix à ces instrumens, & font sur le champ des couplets analogues au sujet qu'on désire, ou qui les frappe ; ils sont rimés, & quand ils les prononcent on y reconnaît un métre ; souvent ils chantent quand ils sont seuls avec leur famille & qu'il est nuit, ou à la lueur que répand une certaine noix huileuse enflammée, dont ils enfilent plusieurs à une baguette. Ils se couchent une heure après que le crépuscule du soir est fini, & se levent avant le soleil. Ils ont une danse lascive à laquelle ils accoutument leurs filles dès le bas-âge, c'est en quelque maniere les principes de leur éducation : ils paraissent n'avoir pas d'idée de la chasteté : tels offrent leurs filles, leurs sœurs aux étrangers par civilité, ou comme récompenfe, & la femme infidele n'eft que grondée oumaltraitée bien légérement. On nous a affuré qu'ils formaient des fociétés où toutes les femmes étaient communes à tous les hommes; où fi l'une devient enceinte, l'enfant eft étouffé au moment de fa naiffance, pour qu'il n'embarraffe pas le pere & ne nuife pas aux plaifirs de la mere; quelquefois celle-ci veut le fauver, & elle ne peut y réuffir qu'en trouvant un homme qui veuille l'adopter, mais alors l'homme & la femme font chaffés de la fociété, & la femme eft défignée par ce terme auquel ils donnent une acception de mépris : c'eft une *Whannownow*, (une femme qui a fait des enfans.) C'eft un titre d'honneur chez eux que d'être admis à ces infames fociétés qu'on nomme *Arreoy*.

Venons aux arts de ces peuples : les étoffes dont ils s'habillent font de trois fortes, & faites de trois différentes écorces d'arbres. Le mûrier fournit la plus belle & la plus blanche: elle fe teint en beau rouge; l'arbre à pain en fournit une moins blanche & moins douce, une efpece de figuier fauvage donne la troifieme; elle eft groffiere, rude, de la couleur d'un papier gris foncé; mais c'eft la plus utile, parce qu'elle eſt la ſeule qui réſiſte à l'eau ; c'eſt celle-ci qui eſt parfumée & ſert aux habits de deuil. Ils prennent beaucoup de ſoin de l'arbre qui porte la premiere, ils le plantent dans les terres cultivées, ils ne s'en ſervent que lorſqu'il a ſix à huit pieds, & que ſa tige a un pouce de diamêtre, ils prennent ſoin qu'elle ſoit droite, élevée & ſans branches, alors ils l'arrachent, en coupent la racine & le ſommet, ils en détachent l'écorce & la font tremper dans quelque ruiſſeau, en la chargeant de pierres, pour qu'elle ne ſoit pas entraînée par le courant : quand elle eſt bien macérée, on ſépare l'écorce intérieure de la verte, en la ratiſſant avec la coquille appellée *Langue de Tigre*; *Tellina gargadia* : ils la plongent dans l'eau juſqu'à ce qu'il ne reſte que les plus belles fibres ; ils les étendent enſuite ſur des feuilles de plane, l'une à côté de l'autre, en mettent deux ou trois couches l'une ſur l'autre & prennent ſoin qu'elles aient par-tout la même épaiſſeur ; on les laiſſe juſqu'au lendemain, où l'eau étant évaporée ou imbibée, les fibres adhèrent déjà enſemble, on poſe la piece ſur le côté poli d'une grande planche de bois préparée, enſuite on la bat avec des maillets d'un bois dur & fillonné de rainures : elle s'étend, s'amincit, & devient très - flexible, fraîche, douce ; mais elle eft fpongieufe & fragile : l'étoffe eft faite alors, on la blanchit & la rebat chaque fois qu'elle a perdu fon éclat : elle eft plus ou moins fine, felon qu'elle a été plus ou moins battue : les autres fortes d'étoffes fe fabriquent de même : lorfqu'elles fe déchirent, ils les rejoignent adroitement avec une collé compofée de la racine de *pea*.

Ils teignent la premiere étoffe avec un rouge qui fupaffe notre plus bel écarlatte, compofé de deux végétaux mêlés enfemble, & qui féparément, ne femblent pas devoir donner cette couleur : l'un eft le fruit d'une efpece de figuier, l'autre la feuille du *Cordia febeftina ;* leur jaune eft auffi très-brillant, il eft tiré de l'écorce de la racine d'une efpece de *Morinda citrifolia ;* ils ne teignent leur étoffe légere que fur les bords ; la plus épaiffe eft peinte dans toute fa fuperficie : ils teignent auffi en noir & en brun, mais ces couleurs font médiocres.

Ils font des nattes dont quelques - unes furpaffent ce que nous avons de meilleur en Europe : les plus fines leur fervent d'habits dans les tems humides, les plus groffieres leur fervent de lits : il y a deux efpeces des premieres : l'une eft faite avec l'écorce d'une efpece d'ortie en arbre nommée par Linnæus, *Hibifcus tiliacæus* , & il en eft d'auffi fines qu'un drap groffier ; l'autre efpece plus belle, blanche , luftrée, brillante, fe fait avec les feuilles d'une efpece de *pandanus* ; ils en font encore avec des joncs & des herbes , & elles leur fervent de lits & de fiéges ; ils font auffi fort adroits à faire des ouvrages d'ofier : ils font des paniers de mille formes différentes fort artiftement travaillés ; dans l'efpace de quelques minutes ils en font un avec des feuilles de noix de coco ; ils en font encore des efpeces de chapeaux qui leur mettent le vifage à couvert de l'ardeur du foleil : avec l'écorce du *poerou* , avec des fils de coco , avec l'écorce de l'*erowa* qui eft une efpece d'ortie , ils font des cordes , des ficelles, des lignes pour la pêche , plus fortes que celles que nous faifons avec la foie ; ils fabriquent une efpece de filet avec une herbe qui a les feuilles larges & groffieres : ils harponnent le poiffon avec beaucoup d'adreffe , & ils fe fervent de deux efpeces d'hameçons : la tige de l'un eft de nacre de perles très-brillante & eft armé d'une

touffe de poils de chien ou de foie de cochon :
l'autre eft auffi faite de nacre , ou d'un coquillage dur que chaque pêcheur fe fabrique
lui-même en le limant avec un morceau de
corail raboteux.

Leurs pirogues font encore un objet très-
important ; tous leurs outils pour les fabriquer font une hache de pierre qui eft un
bafalte grifâtre , un cifeau fait avec un os
humain, une rape de corail, & qui de cette
maniere leur fert de lime : c'eft avec cela
qu'ils taillent des pierres , abattent, fendent,
fculptent & poliffent le bois. Ils ont deux fortes de pirogues : les *ivahahs* & les *pahies :*
la premiere a le fond plat , les côtes perpendiculaires ; elle a de 10 jufqu'à plus de
70 pieds de long , fur un à deux de large :
les unes font deftinées pour le combat , d'autres pour les voyages , ou pour la pêche.
Celles pour le combat ont la forme d'un
demi-cercle , la poupe & la proue font fort
élevées , on les attache plufieurs enfemble ,
& on élève fur l'avant une efpece de plateforme foutenue par des poteaux , hauts de 6
pieds : c'eft de-là qu'ils lancent les pierres &
les javelines : les rameurs font affis au-deffous :
l'ivahah

l'*ivahah* de pêche eft fimple : celui de voyage
eft double, garni d'un pavillon propre où l'on
s'affeie pendant le jour, où l'on dort pendant
la nuit. Le *Pahie* varie de 30 à 60 pieds ;
fa plus grande largeur eft de 3 pieds ; leur fond
eft un arbre creufé en auge, ainfi que la partie du bord ; ce qui les joint eft une planche
large d'environ 15 pouces ; fes côtés d'abord
droits & paralleles, s'élargiffent tout-à-coup
& fe terminent en angles vers le fond ; ils
fervent pour les combats, mais furtout pour
les longs voyages : ceux-ci font ordinairement
doubles, & demeurent fouvent un mois en mer.
Il en eft qui ont deux mâts ; la voile eft de
natte, aiguë au fommet, quarrée dans le fond,
courbe dans les côtés, à peu-près comme
celle qu'on appelle *épaule de mouton :* elle eft
placée dans un chaffis de bois, & ne peut
fe plier ; les rames font femblables à la pelle
d'un boulanger ; ces pahies vont vîte, mais font
beaucoup d'eau : leurs poupes élevées facilitent
le débarquement : tout y eft bien travaillé, bien
poli ; on les conferve fous des hangards formés
par des poteaux qui fe rapprochent au fommet, & forment une efpece d'arc gothique recouvert d'herbe, excepté à leurs deux bouts.

, Dans leurs voyages, ils se dirigent sur le soleil durant le jour, & sur les étoiles pendant la nuit; ils distinguent celles-ci par des noms & connaissent assez bien leur cours : ils prévoient les tempêtes plus sûrement que nous ne le pouvons faire ; leur année est de 13 lunes, leur lune ou mois de 29 jours, leur jour de 12 parties, 6 pour la nuit, 6 pour le jour, c'est l'élévation du soleil qui les marque; ils comptent jusqu'à dix, puis ils recommencent, 20 est exprimé par un nom particulier comme les dix premiers nombres, ils en ont un autre pour dix fois vingt, nombre qu'ils répètent dix fois pour faire deux mille, nombre au-delà duquel ils n'imaginent rien : la brasse est leur seule mesure ; ils n'expriment la distance des lieux que par le tems employé pour la franchir.

, Leur langue douce, harmonieuse, abonde en voyelles, & est aisée à prononcer : les noms ni les verbes n'y ont aucune inflexion; elle a peu de noms qui aient plus d'un cas, peu de verbes qui aient plus d'un tems.

, Leur nourriture simple les exempte de beaucoup de maladies: des accès de colique font leur seule maladie critique ; mais ils font sujets aux éréfipèles & à une irruption cutanée qui approchent de la lépre, & force ceux qui en font atteints de vivre dans des cabanes folitaires; quelques-uns ont des ulcères auxquels ils ne font point d'attention; les prêtres y font les feuls médecins, & leurs remedes font de vaines cérémonies & des efpeces d'amulettes; ils ont des chirurgiens plus experts, mais leur tempérance eft le baume qui guérit leurs bleffures. Les maladies vénériennes y ont fait des progrès effrayans; ils en accufent leur commerce avec des hommes venus dans des vaiffeaux qui abordent fur la côte orientale; il femble qu'ils aient trouvé un fpécifique contre elles; il eft certain du moins qu'elles fe guériffent chez eux.

Nous n'avons pu nous faire qu'une idée imparfaite de leur religion; elle nous parut enveloppée de myftères & de contradictions; leur langage religieux eft différent du langage ordinaire; ils croient que tout ce qui exifte provient de l'union de deux Etres, dont l'un, qui eft la divinité fuprème, s'appelle *Taroataihetoomoo*, & l'autre *Tepapa* : celui-ci avait été un rocher; ils engendrerent une fille qui eft l'année laquelle donna naiffance aux

mois; les deux premiers Etres formerent quelques étoiles & quelques plantes, qui se font
enfuite multipliées par elles-mêmes : ils engendrerent auffi quelques Dieux inférieurs ou
Eatuas, qui ont fait naître le premier homme
d'abord rond comme une boule, mais à qui
fa mere étendit les membres par fes foins;
il peupla enfuite la terre avec fa mere. Les
hommes adorent les Eatuas mâles, les femmes
les Eatuas femelles, mais les prêtres officient
pour les deux fexes; cette qualité eft héréditaire, & le nombre de ceux qui la poffèdent
eft grand : leur chef eft ordinairement le fils
cadet d'une famille diftinguée & il eft ref-
pecté prefqu'autant que le roi; ils font inftruits de toutes les fables de leur religion;
ils connaiffent mieux l'aftronomie & la navigation que le refte du peuple, & leur nom
Tahowa fignifie un homme inftruit, il en eft
dans chaque claffe.

Ils croient l'ame immortelle, & qu'il eft deux
afyles pour elle après notre mort, un pour
les chefs & les principaux, l'autre pour le
peuple; ils ne croient pas que nos actions
fur la terre puiffent avoir influence fur notre
état futur, ni qu'elles intéreffent leurs dieux

qui les ignorent ; ainſi leur vénération pour eux eſt deſintéreſſée.

Le mariage n'y eſt qu'une convention entre l'homme & la femme ; les prêtres n'y interviennent point , non plus que dans le divorce qui ſe fait d'un commun accord : ils n'ont d'inſpection que ſur la coutume de s'imprimer des figures ſur la peau , & ſur une eſpece de circonciſion qui a pour objet la propreté ; toutes deux leur rapportent , des honoraires.

Les moraïs ou cimetières y ſont , comme nous l'avons dit , des endroits de culte ; ils en approchent avec reſpect, ils y vont adorer une divinité inviſible , & ils ſe découvrent toujours le corps juſqu'à la ceinture ; ils ne paraiſſent vénérer rien de ce qui eſt l'ouvrage des mains de l'homme , quoique chacun d'eux ait un oiſeau auquel il fait une attention particuliere : des idées vagues de bonne ou mauvaiſe fortune les y attachent.

Leur gouvernement eſt une eſpece de gouvernement féodal : en voici les différens ordres : l'*Earée Rahie* en eſt le chef ou roi ; après lui eſt l'*Earée* ou baron, que ſuit le *Manahoun* ou vaſſal, ſupérieur au *Toutou* ou payſan. Les rois y ſont plus reſpectés que puiſſans, parce que les Earées bornent leur pouvoir : chacun de ceux - ci préſide ſur un diſtrict où il exerce tout le pouvoir : il partage ſon territoire entre les Manahounis, dont dépendent immédiatement les toutous qui cultivent la terre, vont chercher le bois & l'eau, vont pêcher & apprêtent les alimens. Chaque Earée a une cour nombreuſe, compoſée en partie de ſes officiers ; dès qu'ils ont un enfant mâle, c'eſt lui qui devient Earée; ſon pere n'eſt plus qu'un particulier & ſon tuteur, à moins qu'il ne le faſſe périr : cet uſage a peut-être contribué à former ces ſociétés appellées *Arreoy*.

Dans les guerres générales, c'eſt le roi qui commande ; les querelles entre les Earées ſe décident par les ſujets : nous avons parlé de leurs armes; ils ont encore des piques pointues garnies d'un os de raie; l'arc & la flèche ne leur ſervent que d'amuſement : leurs guerres ſont cruelles, parce que leur colere eſt violente, mais elles ne durent pas. Il y a peu d'occaſions de crime : la punition du coupable dépend de l'offenſé ; il n'y a point de magiſtrats chargés de la vindicte publique ;

mais les chefs punissent les fautes quand il ne leur convient pas de les tolérer.

Cette heureuse isle n'a rien qui excite la cupidité ; elle ne peut être utile aux Européens, que par ses rafraîchissemens, si l'on y transporte des moutons, des chèvres, des bêtes à cornes, des légumes & des graines d'Europe. Les vents y sont variables & les marées faibles.

Le tems était beau , un vent agréable enflait doucement nos voiles, & Tupia nous parlait des isles de *Huaheine* , d'*Ulietea* , d'*Otaha* & de *Bolabola* , qui étaient à moins de deux journées d'Otahiti, où nous devions trouver des cochons, de la volaille, des rafraîchissemens qui nous manquaient dans les derniers jours de notre séjour dans son isle ; mais comme du sommet des monts d'Otahiti, nous avions découvert une isle nommée *Theturoa* , c'est là que nous résolûmes d'abord de nous diriger : elle est à huit lieues de la *pointe Venus.* C'est un sol bas , sans habitans fixes ; on s'y rend pour pêcher , & on y demeure deux ou trois jours ; elle ne nous offrit rien d'intéressant, & nous cherchâmes celles d'Huaheine & d'Ulietea , plus grandes & aussi peuplées qu'Otahiti. Quand nous eûmes paffé l'isle d'*Eimeo* ou d'*York*, nous vîmes celle de *Saunders*, nommée par les habitáns *Tapoamanao*; nous apperçumes celle d'Huaheine; mais le calme ne nous permit pas de l'approcher, malgré les prieres de Tupia qui les faifait lorfqu'il appercevait la furface de la mer ridée à quelque diftance; mais les brifes qu'il fe vantait d'obtenir étaient faibles & ne duraient pas; nous étions partis le 13 de Juillet, nous n'arrivâmes à Huaheine que le 16. Quand nous en fûmes affez près, nous vîmes des pirogues fe détacher de la côte; mais les Indiens parurent effrayés jufqu'à ce qu'ils euffent reconnu Tupia; alors ils s'approcherent. Le roi de l'isle vint fur le vaiffeau avec fa femme; ils furent étonnés, furpris de tout ce qu'ils y virent, mais ne firent point de queftions. Le roi s'appellait *Orée*, & il me propofa comme une marque d'amitié de changer de nom avec moi; j'y confentis, & pendant notre féjour dans l'ifle, je m'appellai *Orea* & le roi *Cookée*, car c'eft ainfi qu'il prononçait mon nom. Nous entrâmes dans un petit havre dont le fond eft bon, & qui eft à l'abri de tous les vents, fitué dans la partie occidentale de l'isle ; nous descendimes à terre. Tupia se mit nud jusqu'à la ceinture, & pria M. Monkhouse d'en faire autant ; il s'assit devant un grand nombre d'insulaires rassemblés dans une grande maison, composée d'un toit soutenu par des poteaux comme à Otahiti, puis nous plaçant derriere lui, il fit une harangue d'un quart-d'heure, à laquelle le roi, placé vis-à-vis, répondait de tems en tems par quelques mots ; l'orateur finit en offrant à leur *Eatua* ou Dieu, deux mouchoirs, une cravate de soie noire, quelques verroteries, deux petites touffes de plumes & des fruits du plane : il reçut en retour pour notre *Eatua* un cochon, quelques jeunes plantes, deux touffes de plumes qu'il fit porter au vaisseau. Ces cérémonies terminées, chacun alla où il lui plût.

Nous visitâmes les collines de l'isle ; ses productions sont celles d'Otahiti ; mais elles y meurissent plus-tôt : les roches & l'argille en paraissent brulées ; les habitations sont propres, les hangars de leurs pirogues très-grands : nous en mesurâmes un qui avait 50 pas de long & 24 de haut, formant une voûte aigue par le faîte ; elle était soutenue d'un côté par 30 piliers, de l'autre par 26, où l'on avait sculpté grossiérement des têtes d'hommes & des figures d'imagination : les terreins unis, les plaines sont ombragées par des cocotiers & des arbres à pain ; on n'en trouve point dans les lagunes, & les lieux détrempés par l'eau salée. Un objet singulier excita notre curiosité ; c'était une espece de coffre dont le couvercle était cousu avec délicatesse, & revêtu de feuilles de palmiers ; il était posé sur deux bâtons & soutenu par de petites consoles de bois très-bien travaillées ; les bâtons semblaient destinés à le porter : la ressemblance de ce coffre avec l'arche de l'alliance parmi les Juifs est remarquable, & l'on nous dit qu'elle s'appellait *Ewharée no Eatua* (la maison de Dieu).

Cependant nos échanges avec les gens du pays allaient assez lentement, parce qu'avant de prendre ce que nous leur offrions, il fallait que chacun consulta 20 ou 30 de ses compatriotes : nous y acquîmes néanmoins plusieurs cochons.

Cette isle est située au 226 deg. 38 m. de longitude, & sous le 16 deg. 43 m. de latitude méridionale ; elle est éloignée d'Otahiti de 31 lieues ; sa surface est inégale, remplie de collines ; son port de *Owallo* est excellent.

Les habitans ont les vêtemens & la langue des
Otahitiens; ils paraiffent en avoir les mœurs
& les coutumes : en mêlant les noix de cocos
à des ignames, ils font un mèts nommé *poe* :
ils les réduifent en poudre , les broient enfemble , les mettent dans une auge avec des
pierres chaudes, & en font un boudin hui-
leux qui, lorfqu'il était grillé, nous parut affez
agréable. M. Banks y trouva 12 nouvelles
plantes , y obferva quelques infectes , & une
efpece de fcorpion qu'il ne connaiffait pas : les
infulaires font plus vigoureux , plus grands
que ceux d'Otahiti , mais ils font plus pareffeux encore : aucun ne voulut monter avec
nous fur les collines, parce qu'il craignait de
fe fatiguer à la mort : les femmes y font en
général plus jolies que celles d'Otahiti, mais
il n'y en a pas d'auffi belles : les deux fexes
y font timides & moins curieux que dans
cette derniere isle : le bruit de nos armes à feu
les étonnait, & ne les faifait pas fuir, peut-
être parce qu'ils en ignoraient les effets ; on
nous dit qu'ils n'étaient point voleurs ; cependant nous en furprîmes un en flagrant délit, & fur les plaintes que nous en fimes à
fes compatriotes raffemblés , ils le punirent

par la bâtonnade. Nous partîmes d'Huaheine le 19, après avoir donné au roi des monnaies d'argent & une plaque d'étain où mon nom & celui du vaiſſeau étaient gravés : nous vinmes viſiter *Ulietea :* le vaiſſeau fut guidé dans un détroit formé par les rochers qui bordent la côte, & nous jettâmes l'ancre dans un havre nommé *Oopoa*, ſur un fond mou : bientôt nous vîmes arriver deux pirogues, dans chacune deſquelles étaient une femme & un cochon : nous reçumes ces derniers en faiſant aux femmes un préſent de deux cloux de fiches & de quelques colifichets qui leur firent plaiſir : nous deſcendimes, & après avoir obſervé les mêmes cérémonies qu'à Huaheine, nous viſitâmes le pays : ce que nous en vîmes nous parut moins peuplé qu'Otahiti, moins riche en productions ; on y trouve des fruits du plane, des noix de cocos, des ignames, des cochons & des volailles; on y peut faire du bois & de l'eau, quoique l'aiguade ſoit d'une approche difficile. Nous y vîmes un grand moraï ; il était compoſé de murs de pierres de corail, hauts de huit pieds; l'eſpace qu'il renfermait était d'environ 25 verges quarrées, & couvert de petites pierres :

fur le fommet étaient dreffées plufieurs planches fculptées ; à côté était un autel ou *Ew-
hatta* fur lequel nous vîmes encore un cochon rôti , derniere offrande qu'on y eut
placée. Près de là on voyait encore plufieurs
de ces maifons de Dieu , femblables à celles
que nous avions remarquées à Huaheine ; M.
Banks mit la main dans l'une d'elles , il crut
y appercevoir quelque chofe qui avait 5 pieds
de long , enveloppé dans plufieurs nattes ; il
ne put s'affurer de ce qu'elles renfermaient ,
fur-tout parce que les Indiens paraiffaient of-
fenfés de fa hardieffe. En divers lieux on voit
des mâchoires d'hommes attachées comme un
trophée de la victoire remportée par les habitans de *Bolabola* qui ont foumis cette isle
à leur pouvoir : nous y remarquâmes encore
un figuier femblable à celui que M. Green
avait vu à Otahiti. Nous fortîmes du havre le
24 , après avoir couru le danger de nous brifer fur un écueil : ce havre eft très-vafte , & eft
mis à l'abri de l'agitation de la mer par une chaine de rochers de corail : la petite isle d'*Oatara*
en marque l'entrée méridionale : la feptentrionale eft entre les islots de *Tamou* & d'*Opururu*.

Le 25, nous étions à une lieue de l'isle

d'*Otaha* qui a un havre sûr dont l'entrée
se trouve entre les deux petites isles de
Toahoutu & de *Whennuaia* : nous voguâmes vers le nord , & le lendemain nous
découvrîmes une petite isle basse , située à
quatre ou cinq lieues au nord de'Bolabola :
on la nomme *Tubaï* ; trois familles forment
tous ses habitans ; des noix de cocos sont ses
seules productions : les habitans des isles voisines viennent pêcher sur ses côtes où le
poisson est abondant. Nous envoyâmes des
chaloupes dans le havre d'Otaha pour y acheter des rafraîchissemens ; ils trouverent que
ses productions étaient les mêmes que celles
d'Ulietea, & ses habitans semblables à ceux des
isles que nous avions visitées ; ils ne parurent pas être nombreux , & rendirent à nos gens
les honneurs exigés par les chefs ; chacun des
insulaires qui se présentait devant eux , se
découvrait les épaules & enveloppait ses vêtemens autour de sa poitrine : la chaloupe revint
pendant la nuit, remplie des fruits du plane,
de quelque volaille, de trois porcs : les premiers
nous furent très - utiles , parce qu'étant bouillis , ils servaient de pain à l'équipage qui ne
mangeait plus qu'un biscuit rongé par les vers.

Nous approchâmes de Bolabola : elle a un pic haut & efcarpé, la côte qu'il domine eft inabordable, il nous fallut chercher à l'atteindre par un autre côté : en cherchant un havre commode, nous découvrîmes l'isle de *Maurua* qui eft au couchant ; elle eft petite & environnée de rochers ; elle n'a ni mouillage, ni habitans : du centre s'élève une montagne ronde qu'on voit de dix lieues en mer ; fes productions font femblables à celles d'Ulietea. Nous jettâmes enfin l'ancre dans un havre de Bolabola ; les habitans s'approcherent bientôt de nous, & nous apporterent des cochons, des volailles, des fruits du plane qui nous coûterent peu. Nous vifitâmes le pays : les habitans agirent avec nous comme fi nous avions le pouvoir de leur faire du mal, & l'intention de n'en point faire ufage : hommes, femmes fe raffemblaient autour de nous, cherchaient à nous prévenir & nous portaient fur leur dos lorfque nous rencontrions des mares : on bordait le chemin qui conduifait à une maifon, on s'y rangeait le long d'une natte, à l'extrêmité de laquelle la famille était affife : là nous voyions de jeunes enfans des deux fexes

habillés avec la plus grande propreté, qui
femblaient nous attendre ; nous leur fimes
des préfens qui leur firent plaifir & qui
charmerent les infulaires. Parmi ces enfans
était une fille de 6 ans, vêtue d'une robe
rouge ; fes cheveux étaient treffés au-deffus
de fa tète ; devant elle s'étendait une natte
longue de 30 pieds, fur laquelle perfonne n'o-
fait mettre le pied : nous lui offrimes des verroteries qu'elle accepta avec beaucoup de
grâce. On nous donna le fpectacle d'une
danfe bouffonne : ailleurs nous vimes une
troupe de danfeurs, parmi lefquels étaient
quelques-uns des principaux habitans de l'isle :
ces danfeurs ne reçoivent point de falaire ;
les danfeufes portent fur leurs têtes des cheveux treffés, ornés de fleurs de jafmin ar-
rangées avec goût : elles avaient le cou, les
bras, les épaules, la gorge nue, mais cette derniere était parée de deux plumets noirs ; elles
danfaient avec grace, faifaient des pas mefurés,
lefquels s'accordaient avec le fon des tambours
qui battaient avec force & viteffe : elles fe
mirent à remuer les hanches en donnant à
leurs habillemens un mouvement très-vif, pendant lequel leur corps prenait différentes at-

titudes,

titudes , tantôt debout , tantôt affifes , s'appuyant fur leurs genoux ou fur leurs coudes, & remuant les doigts avec une promptitude qu'il eft difficile d'imaginer : l'une d'elles avait un pendant d'oreilles à trois perles , l'une groffe & terne , les deux autres d'une belle couleur & de la groffeur d'un pois ; elle ne voulut jamais les vendre , quelque valeur qu'on lui en offrit : ces infulaires y mettent un prix égal à celui qu'elles ont parmi nous. Pendant que les femmes danfaient, les hommes exécutaient une efpece de farce dialoguée & mêlée de danfes ; nous y avons vu depuis un fpectacle plus régulier partagé en 4 actes , diverfes danfes figurées & des farces fingulieres ; ils s'exercent auffi à lancer la javeline. *L'Earée Rahie* de Bolabola nous envoya un préfent de plufieurs pieces d'étoffes longues de 50 verges & de divers rafraîchiffemens, & il nous fit annoncer qu'il viendrait nous faire vifite le lendemain ; il ne vint pas , mais envoya en fa place trois jolies filles demander quelque chofe en retour de fon préfent, efpérant fans doute recevoir davantage par elles , qu'en fe préfentant lui-même, & il nefe trompa pas. Nous l'allâmes enfuite vifiter nous-mêmes : la conquête d'Ulietea , la terreur que fes fujets avaient infpirée , nous faifait croire que nous allions voir un homme plein de vigueur & de courage ; nous ne vîmes qu'un vieillard faible & décrépit, prefque aveugle & imbécile ; il fe nommait *Opoony* ; il nous reçut affis & fans cérémonie ; nous le conduifîmes à Otaha où il avait fixé fa réfidence & où nous voulions acheter des provifions ; & en effet nous en rapportâmes , mais pas autant que nous l'avions efpéré.

Nous appellâmes les isles de Huaheine , d'Ulietea, d'Otaha, de Bolabola, de Tubaï, & de Maurua , *Isles de la Société* , fans changer le nom que les Indiens donnent à chacune d'elles: des rochers de corail rempliffent le détroit qui fépare la feconde de la troifieme : ces rochers environnent chacune de ces isles & laiffent entr'elles des paffages qui conduifent à des havres excellens, dont les entrées font étroites , mais ne peuvent être dangereufes parce qu'il n'y a pas de rocs cachés.

L'isle de Bolabola eft à 4 lieues d'*Otaha* ; une chaine de rocs & de petites isles l'environnent : elle fe fait remarquer par une montagne presque perpendiculaire & qui se termine en deux pics inégaux : *Ulietea*, *Otaha* sont aussi montueuses, entrecoupées, irregulieres ; les monts en général y sont couverts de verdure & de bois.

Nous partîmes le 9 Août, & le 13 nous découvrîmes une terre : c'était une isle que Tupia nous dit s'appeller *Oheteroa* ; en voguant le long de ses côtes nous vîmes quelques-uns de ses habitans ; notre chaloupe s'approcha du rivage; les insulaires s'y étaient rassemblés armés de longues lances : quelques-uns vinrent dans une pirogue , on leur fit des signes de bienveillance, on leur montra des clous; ils hésiterent d'abord , puis vinrent recevoir ce qu'on leur offrait. D'abord satisfaits, ils formerent ensuite le projet de s'emparer de notre bateau : trois s'y élancerent , les autres voulurent les suivre, l'un d'eux luttait contre M. Banks, on fut obligé de faire feu, mais on le fit par-dessus leur tête, & ils sauterent dans l'eau pour rejoindre leur pirogue au rivage où il s'en était rassemblé deux cents autres : nos gens chercherent un havre & ne trouverent qu'un banc de sable sur lequel la mer brisait avec

violence ; ils fuivirent la côte , & bientôt ils
apperçurent un Indien s'avancer vers eux , agi-
ter fa lance en danfant & pouffant des cris aigus : c'était un appel au combat. Le bateau
ne voyant de lieu où l'on put débarquer que
là où la pirogue s'était retirée, y revint pour
s'approcher des Indiens & faire la paix avec
eux : il ramait lentement le long du rivage où
un fecond champion agita fa lance pour répèter
le défi du premier : fur fa tête était un grand
bonnet fait de queues d'oifeau du tropique ;
fon corps était couvert d'une étoffe raiée en
jaune, rouge & brun ; il danfait avec plus
de légéreté & d'adreffe que le premier : après
lui en vint un autre plus âgé & plus grave
qui demanda d'où nous venions & d'où nous
étions. Tupia leur dit que nous venions d'O-
tahiti ; alors ils femblerent confulter entr'eux,
puis ils prierent d'une voix très-forte, & entrerent en pourparler avec nous ; on leur
parla de commercer avec eux s'ils pofaient
leurs armes, ils voulurent que nous pofaf-
fions les nôtres ; mais cette propofition , équi-
table en apparence , nous mettait entre les
mains des infulaires, vu leur grand nombre,
& nous la refufâmes : ils fe hazarderent ce-

pendant à venir près du bateau, vendirent quelques-unes de leurs étoffes & de leurs armes, & promirent des provisions si l'on voulait débarquer ; on crut qu'il serait dangereux de le faire, & la chaloupe revint au vaisseau. Nous avions fait alors le tour de l'isle où les dispositions hostiles des Indiens ne nous permettaient d'espérer d'avoir des provisions qu'en courant le risque de verser du sang, & nous résolûmes de ne point aller à terre. Cette isle est sous le 227 deg. 43 m. de longitude & le 22 deg. 27 m. de latitude méridionale. Elle a 4 lieues de tour, est assez basse, moins fertile & moins peuplée que celles que nous avions vues ; on y voit plusieurs plantations de l'arbre *Etoa* dont ils font leurs armes : ses habitans sont vigoureux, bien faits, plus bruns que ceux des autres isles ; ils ont des marques noires sous les aisselles, & autour des bras & des jambes : l'étoffe dont ils s'habillent est la même que celle dont nous avons parlé, teinte en un jaune foncé brillant, enduites en dehors d'un vernis rouge couleur de plomb sombre, sur lequel étaient tracées des raies très-régulieres de différens desseins ; la couleur de plomb

était raiée de blanc, la rouge l'était en noir;
leur habit eſt une jaquette courte d'une ſeule
piece, dont la façon eſt un trou au milieu, bordé
à grands points ; & c'eſt ici que pour la premiere
fois, nous vîmes l'uſage d'une eſpece d'aiguille ;
quand leur tète eſt enfilée dans ce trou , les por-
tions d'étoffe pendent des deux côtés & ſont arrê-
tées par une ceinture jaune qui tourne d'abord
autour du cou, puis ſe croiſe ſur la poitrine
& retombe du côté des reins ; cette ceinture
en couvrait une autre d'étoffe rouge : quelques Indiens avaient des bonnets de plumes,
d'autres portaient une eſpece de turban : leurs
armes ſont de grandes lances polies & de
bois d'étoa qui eſt très-dur ; quelques – unes
ont 20 pieds de long ſur 3 pouces de diamêtre ; ils ont une autre arme qui leur ſert
de pique , polie , aiguiſée en large pointe
comme la lance ; ils ſe font des cuiraſſes de
nattes. Les ouvrages que nous avons vus
dans cette isle ſont ſupérieurs en leur genre
à ceux qu'on nous a montrés ailleurs ; leur
teinture eſt d'une plus belle couleur, elle eſt
étendue avec plus de propreté & de goût ;
leurs maſſues ſont mieux taillées & mieux polies ; leurs pirogues avaient des ornemens d'une

ſculpture plus belle ; un petit cordon de plumes blanches pendait en dehors de la poupe
& de la proue. Tupia nous dit qu'il y avait
d'autres isles vers le nord-oueſt, l'oueſt & le
ſud ; on peut croire que les isles découvertes
& nommées par le Dauphin, telles que *Boſca-*
wen & *Keppel*, ſont de ce nombre : nous ne
crûmes pas devoir perdre du tems à découvrir de nouvelles isles, & nous portâmes
au midi pour découvrir un continent.

Le 25 Août, nous célébrâmes l'anniverſaire
de notre départ d'Angleterre en mettant en
perce un tonneau d'excellente bière forte, &
nous régalant d'un fromage de Cheſter : quelques jours après, un de nos matelots mourut d'yvreſſe. Le 30, nous vîmes une cométe
dans la partie orientale du ciel. Tupia qui l'ob-
ſerva, s'écria que dès que les Indiens de Bolabola l'appercevraient, ils tomberaient ſur ceux
d'Ulietea qui s'enfuiraient dans les montagnes.

Le 1 Septembre, ne découvrant point de
terre, balotés par de groſſes lames qui venaient du couchant, & par des vents violens,
nous réſolûmes de retourner vers le nord,
puis nous portâmes vers le couchant ; après
nous être avancés pendant pluſieurs jours,

nous crûmes approcher d'une terre, parce que nous vîmes des herbes marines, une piece de bois, divers oiseaux & des veaux marins, qu'on dit ne s'éloigner jamais beaucoup des rivages : cependant nous ne découvrîmes la la terre que quelques jours après ; cette terre, en approchant, nous parut plus grande encore ; on voyait quatre ou cinq rangs de collines s'élevant les unes derriere les autres, & une énorme chaîne de montagnes qui les dominait. Nous crûmes avoir découvert le continent Auftral. Nous entrâmes dans une baie qui s'enfonçait dans l'intérieur : la fumée s'élevait de différentes parties de la côte, les collines étaient couvertes de bois & les vallées ombragées de grands arbres. Nous ne pûmes entrer dans la baie, mais nous vîmes à fon entrée diverfes pirogues qui ne parurent pas faire attention à nous : çà & là on découvrait des maifons, petites, mais propres, & près de l'une d'elles des habitans raffemblés, affis fur la greve : nous vîmes diftinctement une paliffade haute & réguliere qui entourait tout le fommet d'une colline : ferait-ce, difions-nous, un parc de daims, ou un enclos pour les bœufs & les moutons ?

Nous jettâmes enfin l'ancre fur un côté de la baie , à l'entrée d'une petite riviere, à demi-lieue du rivage , fur un bon fond de fable : des roches blanches & élevées forment les côtés de la baie : derriere eft une terre brune. Nous defcendimes à terre fur la rive orientale de la riviere qui avait là vingt toifes de large ; nous approchâmes des habitans, ils s'enfui-rent ; nous laiffâmes l'efquif fous la garde de quatre mouffes & marchâmes vers les huttes. Dès que nous fûmes un peu éloignés, quatre hommes armés de longues lances vinrent pour s'emparer de l'efquif ; mais des hommes que nous avions laiffés dans la pinaffe à quelque diftance, crierent aux mouffes de fe laiffer aller au courant de la riviere ; ils le firent, mais les Indiens les fuivant de trop près, le maître de la pinaffe tira fur leur tête un coup de fufil qui les étonna & les fit regarder autour d'eux ; bientôt ils recommencerent leur pour-fuite : un fecond coup de fufil ne les effraya point, & l'un d'eux allait lancer fa pique fur le bateau, quand un troifieme coup l'étendit mort fur la place : fes compagnons demeure-rent immobiles, puis retournerent fur leurs pas en traînant le corps qu'ils abandonnerent

un inftant après pour courir plus víte, le
bruit des coups nous fit revenir au bateau,
noûs trouvâmes l'Indien mort, la bale lui avait
percé le cœur: fa ftature était moyenne, fon
teint était brun fans être foncé, un des côtés
de fon vifage était peint de lignes fpirales très-
régulieres; une belle étoffe fabriquée d'une maniere qui nous était inconnue le couvrait;
fes cheveux étaient noués fur le fommet de
la tête fans ornement. Nous prîmes le parti
de revenir au vaiffeau, d'où nous entendimes
les habitans raffemblés fur le rivage parler
avec beaucoup de chaleur: il y en avait encore le lendemain, ils étaient affis : nous
nous approchâmes d'eux pour effayer s'il
n'y aurait pas moyen de faire quelque commerce avec eux : dès que nous fûmes à
terre, ils fe leverent avec vivacité, armés de
longues piques ou d'un inftrument de talc
verd très-poli, long d'un pied, pefant quatre
ou cinq livres. Tupia voulut leur parler, ils
ne répondirent que par des menaces, qu'un
coup de fufil tiré en l'air leur fit ceffer: la
riviere nous féparait d'eux, & Tupia leur parla
encore, & ils lui répondirent : leur langue &
celle d'Otahiti étaient deux dialectes d'une

même langue ; nous demandâmes de l'eau, des provisions, & leur offrîmes du fer ; ils nous inviterent à venir à eux, mais pour y consentir nous voulions qu'ils quittaffent leurs armes, ce qu'ils refuferent toujours : nous les preffâmes de venir à nous ; l'un d'eux traverfa la riviere fans armes, deux le fuivirent, vingt ou trente vinrent après eux, mais armés ; nous leur fîmes des préfens, ils méprifaient le fer dont ils ignoraient l'ufage, & ne nous donnerent en échange que quelques plumes. Tupia nous dit qu'il fallait s'en défier, & en effet, ils tenterent de nous enlever nos armes ; l'un d'eux arracha le coutelas de Mr. Green, & l'agita autour de la tête avec des cris de triomphe, les autres devinrent infolens ; on tira fur le voleur avec du menu plomb, mais il il ne rendit point le coutelas, & l'emportait : on lui tira un fecond coup qui le fit tomber mort, & ce fut avec peine qu'on prévint les Indiens pour lui ôter l'arme qu'il avait volée : tous raffemblés en corps s'approchaient de nous ; quelques coups de petit plomb qui en blefferent quelques-uns, les déterminerent à paffer la riviere ; ils fe retirerent lentement, & nous revinmes au vaiffeau.

En perdant l'efpérance de nous lier avec ces farouches Indiens , nous nous apperçûmes que la riviere était falée : nous réfolumes alors de vifiter le fond de la baie pour y trouver de l'eau douce & y furprendre quelques habitans , afin de gagner leur amitié à force de careffes & de préfens , & nous en fervir pour établir une correfpondance amicale avec les autres; mais on ne trouva point de lieu pour débarquer : nous vîmes deux pirogues venant de la haute mer, l'une à voiles , l'autre à rames, & je crus avoir trouvé l'occafion que je cherchais : celle à rames nous apperçut trop tôt & nous échappa, l'autre s'avança fans nous reconnaître; mais dès qu'elle nous eut vus, les Indiens plierent la voile, prirent la rame, & s'en fervirent avec tant d'activité qu'ils nous échappaient auffi. Tupia les invitait en vain à nous approcher fans crainte, ils s'éloignaient toujours : un coup de fufil tiré fur leurs têtes les arrêta : ils étaient fept, tous fe déshabillerent, & prirent la réfolution, non de fuir, mais de nous attaquer, & ils le firent avec des pierres, des rames & d'autres armes offenfives, il fallut nous défendre, nous tirâmes fur eux, quatre furent tués, les trois

autres fe jetterent à l'eau, s'y défendirent encore, & ce ne fut qu'avec beaucoup de peines
que nous parvinmes à nous en rendre maîtres.
Aujourd'hui encore, je ne penfe qu'avec regret
à la néceffité où je fus de donner la mort à
des hommes pour exécuter mes inftructions.

Dès que les trois Indiens furent dans le
bateau, ils fe jetterent à terre & s'attendaient
à la mort: c'était de jeunes gens; nous nous
hâtâmes de les raffurer, nous les vêtîmes,
nous les careffâmes, & les traitâmes avec
bonté: la frayeur fit place en eux à la joie,
ils fe montrerent gais & mangerent avec ap-
pétit; ils fe coucherent d'abord fatisfaits; mais
enfuite on les entendit foupirer & s'affliger.
Tupia était près d'eux, il les confola, leur
rendit la tranquillité, même la gaîté; car ils
chanterent avec beaucoup de goût un air lent
& grave comme le plein chant. Leur phyfionomie était expreffive & annonçait de l'intelligence: le plus âgé avait 15 ans; il avait l'air
ouvert, les manieres aifées; nous les menâ-
mes à terre le lendemain; d'abord ils l'apprirent avec des tranfports de joie, puis voyant
que nous allions débarquer dans le même lieu
où nous étions defcendus en arrivant, ils fu-

rent effrayés, & nous dirent que là était l'habitation de leurs ennemis : nous leur fîmes entendre qu'ils pouvaient refter avec nous, & qu'au foir nous les renverrions à une autre habitation qu'ils nous montraient plus loin. Cependant lorfque nous eûmes traverfé la riviere, ils prirent congé de nous en verfant des larmes : puis nous approchames des marais pour y tuer des canards ; mais à peine étions-nous à un mille du rivage, qu'on nous fit appercevoir un corps confidérable d'Indiens qui venaient à nous ; nous revinmes à nos bateaux, & dans la marche, nos jeunes Indiens accoururent & reclamerent notre protection ; nous les reçûmes volontiers ; cependant, les Indiensapprochaient, partagés en deux corps, dont l'un marchait fur une hauteur, l'autre faifait le tour des marais : lorfqu'ils nous virent raffemblés, ils ralentirent leur marche, mais en nous fuivant toujours : à peine fûmes-nous fur un des bords de la riviere, que les Indiens parurent par pelotons fur l'autre, tous armés, & quand ils furent raffemblés, ils étaient au nombre de deux cents : nous ne pouvions efpérer de faire la paix avec eux, & il était inutile de les attendre ; ç'aurait été nous expofer

à donner la mort à plufieurs, & nous reve-
nions au vaiffeau lorfqu'un des jeunes Indiens
reconnut fon oncle dans la troupe de ceux
qui étaient raffemblés. Nous nous arrêtâmes,
& bientôt il y eut une conférence établie entre Tupia, nos jeunes gens & les Indiens;
mais ni ceux-ci, ni les nôtres ne voulurent
paffer la riviere: alors les jeunes Indiens voyant
fur le rivage le corps de celui qui avait été
tué la veille, le couvrirent de vêtemens, &
cette marque d'intérêt fit traverfer la riviere à
un homme feul & défarmé: c'était l'oncle du
jeune Indien: il tenait à la main un rameau
vert, fymbole de paix que nous reçumes, &
nous lui fimes des préfens; mais nous ne pûmes l'engager à venir au vaiffeau, tandis que
nos jeunes gens préférerent de nous fuivre,
plutôt que de refter avec leur oncle, qui,
nous voyant retirés, fit quelques cérémonies
en tournant autour du corps mort, & jetta
fur lui une branche verte qu'il avait été cueillir, enfuite il rejoignit fes compagnons : bientôt
après quatre d'entr'eux fe détacherent, & vinrent fur un radeau chercher le corps autour
duquel on avait fait des cérémonies. Le lendemain, les jeunes gens confentirent volon-

tiers à defcendre, ils le firent même avec joie; mais à peine les avait-on quittés, qu'ils accoururent fur le rivage, prier qu'on les ramena au vaiffeau; on ne le fit pas, & l'on apperçut les Indiens qui vinrent les chercher fur un radeau; ils refterent avec eux jufqu'au foleil couchant; puis ils fe rapprocherent du rivage, agiterent trois fois leurs mains du côté du vaiffeau, & coururent rejoindre leurs compagnons avec lefquels ils marcherent vers le canton de leurs ennemis: comme ils étaient libres & qu'on ne les avait point dépouillés, il nous parut qu'il ne leur arriverait aucun mal. De grands cris fe firent entendre fur le rivage pendant la nuit, mais nous n'en pûmes deviner l'objet. Le lendemain nous quittâmes ce canton miférable, que les habitans nomment Taomeroa ou Grand-Sable, & à qui nous donnâmes le nom de *Baye de Pauvreté*. Elle eft fous le 195 degrés 54 minutes de longitude & le 38 degrés 42 minutes de latitude méridionale : fa forme eft celle d'un fer à cheval, une isle & deux pointes de rocs blancs & efcarpés en forment l'entrée. Nous dirigeámes notre courfe au midi, mais le calme ne nous permit pas d'avancer; des pirogues

fe

se montrerent, Tupia s'efforça en vain de les inviter à s'approcher; elles demeuraient immobiles, lorsqu'une autre sortit de la Baie de Pauvreté & cingla directement vers nous; quatre hommes qui la montaient vinrent sur le vaisseau; nous sûmes d'eux que nos jeunes Indiens étaient en sûreté dans leurs habitations, & que la bonté que nous avions eue pour eux les avaient engagés à venir vers nous: leur exemple amena tous les autres; nous leur fîmes des présens; ils étaient avides de nos marchandises, & pour en remporter davantage, ils vendirent jusqu'à leurs vêtemens & aux pagayes de leurs canots: ils n'avaient que deux armes faites de talc verd, ayant la forme d'un battoir pointu, un manche court, des bords tranchans, ils l'appellaient *patou-patou:* elles font propres à combattre de près, & à fendre d'un coup le crâne le plus dur: ils nous firent beaucoup d'amitiés & nous inviterent à revenir chez eux; mais j'avais résolu de continuer mes recherches, & les pirogues regagnerent lentement la terre; cependant elles laifferent trois Indiens à bord; les autres ne voulurent pas les venir reprendre, & eux-mêmes étaient si contens de refter, que nous en fûmes étonnés. Cependant le lendemain, fe voyant éloignés de quelques lieues du lieu d'où ils étaient venus, ils furent confternés, & verferent des larmes; Tupia les confola, & bientôt après nous rencontrâmes deux pirogues, qui craignirent de s'approcher; mais l'une d'elles, cédant aux prieres des Indiens qui les appellaient, vint à côté du vaiffeau. Nous y remarquâmes un vieillard qui, par la beauté de fon vêtement, & fon patoupatou fait d'os de baleine, nous parut être un chef: il reçut les trois Indiens dans fa pirogue. Nous commençâmes à croire que ces peuples mangeaient des hommes; nos trois jeunes Indiens nous l'avaient dit, & ceux-ci, pour diffiper la crainte de leurs compatriotes, leur criaient que nous ne les mangerions pas.

‘ Nous dépaffâmes une pointe fort élevée, terminée en angle aigu vers la mer, & plate à fon fommet : nous la nommâmes *Cap Table:* une chaîne de rochers était entre nous & la côte; plus loin, une petite isle nous femblait terminer la terre au midi, elle eft nommée par les habitans *Teahowray;* elle le fut par nous, *Isle de Portland*, à caufe de fa reffemblance avec Portland : nous vîmes fur la côte & fur l'isle les habitans raffemblés en grand nombre ; des terreins cultivés , les uns fraîchement fillonnés , d'autres couverts de plantes ; des paliffades élevées & rangées en ligne qui ne renfermaient aucun efpace & dont nous ne pûmes deviner l'ufage : une pirogue s'approcha de nous en faifant diverfes cérémonies ; l'un des hommes qui la montaient femblait tour à tour nous demander la paix ou nous préfenter la guerre, puis il danfait & chantait. Tupia ne put les perfuader de venir à nous. En avançant davantage, nous découvrimes au couchant de Portland une terre qui s'étendait au midi à perte de vue, & en s'en approchant, le vaiffeau fe trouva tout à coup fur un fond extrèmement raboteux, puis quelque tems après nous trouvâmes une eau profonde. Nous étions alors à un mille de l'isle dont le fommet était formé de roches blanches, fur les flancs defquelles nous voyions un grand nombre d'Indiens qui nous regardaient avec attention ; croyant nous voir dans l'embarras , ils lancerent en mer cinq pirogues qui fe remplirent d'hommes armés ; en navigeant vers nous, leurs cris , leurs geftes menaçans , leurs lances qu'ils agitaient,

K 2

nous annonçaient ce que nous avions à en craindre : on tira un coup de fusil qui sembla les
exciter encore ; il fallut tirer un coup de canon ; au bruit de l'explosion, ils se leverent
tous , firent de grands cris , se rassemblerent,
& ensuite retournerent tranquillement au rivage.

Après avoir tourné Portland , nous vîmes
une baie profonde au couchant du Cap Table
qui forme l'extrêmité d'une péninsule : nous
jettâmes l'ancre à quelque distance , & là , nous
apperçûmes deux pirogues qui s'approcherent
de nous. Tupia leur parla , mais ne put les
déterminer à monter sur le vaisseau : on leur
jetta quelques bagatelles dont ils parurent contens, puis ils s'en allerent : des feux allumés
nous prouverent les craintes & la vigilance
des Indiens. La côte nous parut médiocrement
élevée ; la greve est de sable , entrecoupée de
roches blanches ; la terre au loin paraît fertile & couverte de bois ; dans l'intérieur on
distingue de hautes montagnes. En voguant le
long de la côte , diverses pirogues nous suivirent de loin , & semblaient nous défier &
nous insulter. Le 14, nous vîmes des montagnes où il y avait encore de la neige ; au bas
le pays paraît marécageux, il nous sembla y

voir des champs jaunes qui , probablement
ne font que des glayeuls fecs ; plus loin font
des bocages d'arbres : je voulais y envoyer
chercher de l'eau douce, mais des pirogues
qui du bord s'avançaient vers nous, me firent
craindre quelque combat, & je renonçai à mon
deffein ; cinq d'entr'elles portant plus de 80
hommes s'approcherent de nous ; les Indiens
chantaient leurs chanfons de guerre & agitaient
leurs lances : nous les avertîmes par le moyen
de Tupia , que s'ils s'approchaient davantage ,
nous avions des armes qui les détruiraient
comme la foudre , & que nous allions leur
en montrer un effai fans leur faire de mal :
l'explofion du canon, le feu, le plomb qui
retomba en pluie fur la mer, les intimiderent,
& ils retournerent vers le rivage. Tupia les
rappella, les invita à venir fans armes, & qu'ils
feraient reçus en amis ; une pirogue dépofa
fes armes, & vint fous la poupe du vaiffeau ;
nous leur fîmes des préfens, & ils allaient
monter à bord lorfque les autres revinrent avec
des menaces : bientôt après toutes les pirogues
difparurent. Le 16, nous rencontrâmes des
pêcheurs qui nous vendirent du poiffon gâté ;
c'était le meilleur qu'ils euffent, & nous vou-

K 3

lions commercer avec eux : une longue pirogue portant 22 hommes armés s'approcha auffi de nous ; ils n'avaient pas de marchandifes, & nous leur donnâmes quelques morceaux d'étoffes qu'ils aimaient paffionnément : l'un d'eux portait une peau qui me parut celle d'une ourfe, & pour m'en affurer je lui offris en échange un morceau de reyèche rouge ; il la reçut, & l'enveloppa avec fa peau dans un panier, fans s'embarraffer de mes plaintes : puis la pirogue & les pêcheurs s'éloignerent : ceux-ci revinrent un inftant après, nous en achetâmes encore du poiffon dont nous ne pouvions nous fervir, & la pirogue fuivit les pêcheurs : notre trafic fe renouvellait, lorfqu'un des Indiens faififfant *Tayeto*, jeune Otahitien qui fervait Tupia, l'entraîna dans fa pirogue & s'éloigna : pour les obliger de relâcher leur proie, nous tirâmes près d'eux ; un des Indiens tomba, & les autres abandonnerent Tayeto qui, fe jettant à la nage, vint vers le vaiffeau, pourfuivi par la grande pirogue que nous forçâmes de s'éloigner avec quelques coups de fufil & un coup de canon : les Indiens eurent quelques hommes bleffés. Nous donnâmes au cap qui était alors vis-à-vis de nous le nom de *Kidnappers*, (voleur d'enfant) ; il eſt ſitué au 39ᵉ degré 43 minutes de latitude, & au 195ᵉ degré 4 minutes de longitude : deux rochers blancs, ayant la forme de meules de foin, le font aiſément reconnaître ; il fait la pointe méridionale de la grande baie que nous nommâmes *baie de Hawkes*. De là, nous ſuivîmes encore la côte, en nous dirigeant au midi : à une lieue du rivage, nous vîmes une petite isle élevée & ſtérile, où étaient des maiſons, des pirogues, des Indiens : ſans doute c'étaient des pêcheurs : l'isle fut nommée *Bare*. Plus loin nous découvrîmes une grande étendue de terre s'étendant au midi ; en le côtoyant encore, nous n'y découvrîmes point de havres, & le pays me paraiſſant toujours plus ſtérile, je réſolus de retourner vers le nord. Vis-à-vis de nous était une pointe élevée & ronde formée de roches jaunâtres ; nous la nommâmes cap *Turnagain*, (du retour) : il eſt ſous le 40ᵉ degré 34 minutes de latitude méridionale & le 194ᵉ degré 35 minutes de longitude : entre ce cap & le précédent la terre eſt fort inégale ; la côte moins couverte de bois que celle dont nous avons parlé, reſſemble davantage aux Dunes d'Angleterre ; elle paraît ce-

pendant fort peuplée ; on voit plufieurs villages dans les vallées, fur les fommets & les
flancs des collines : on y voyait la chaîne des
monts s'étendre à perte de vue marquetée de
neige : dans l'intérieur du pays, nous vîmes
deux feux très-étendus, allumés pour nettaier
un terrein qu'on voulait cultiver. Le 18, étant
voifin d'une péninfule de l'isle Portland, une
pirogue vint à nous ; elle portait cinq Indiens,
dont deux paraiffaient des chefs ; ceux-ci monterent fur le vaiffeau, nous les reçûmes d'une
maniere qui les flatta, & ils voulûrent demeurer
la nuit avec nous : j'eus beau leur dire que
le lendemain nous ferions fort loin de leur
habitation, ils perfifterent, & nous les gardâ-
mes : leur pirogue & les trois autres Indiens
furent mis à bord. L'un de ces chefs avait la
phyfionomie la plus ouverte & la plus fran-
che ; ils examinaient tout avec curiofité, &
furent reconnaiffans des petits préfens que nous
leur fîmes ; mais ils ne voulurent ni manger
ni boire : leurs domeftiques au contraire dé-
vorerent tout ce qu'on leur préfenta : le lendemain nous laiffâmes partir nos hôtes étonnés de fe voir fi éloignés de leur canton.

Au nord de la *Baie de Pauvreté*, eft un

cap remarquable, dont la roche blanche de la pointe reſſemblait au bord du toit d'une maiſon, & nous le nommâmes *Gable-end Foreland*, (promontoire du bord du toit). Le 20, nous deſcendîmes dans une baie à quelques lieues au nord du cap; les Indiens dans leurs pirogues nous inviterent à y deſcendre, ils nous dirent que nous y trouverions de l'eau douce; ces diſpoſitions amicales nous arrête-rent: parmi ces Indiens, deux nous parurent des chefs; l'un était habillé d'une jaquette or-née d'une peau de chien, celle de l'autre était couverte de petites touffes de plumes rouges; nous les invitâmes à monter à bord; ils y vin-rent; nous leur donnâmes de la toile qui leur fit plaiſir, & un clou qu'ils regarderent avec indifférence: nous fîmes quelque trafic avec les autres. Enſuite je voulus aller à terre avec les deux chefs & des hommes armés pour chercher de l'eau douce; mais la mer trop ora-geuſe ne me le permit pas, les chefs s'y ren-dirent ſur une pirogue qu'ils firent venir; ils nous promirent pour le lendemain, du poiſſon & des pommes de terre. Nous débarquâmes le lendemain par un tems calme, nous décou-vrîmes deux courans d'eau douce; les Indiens nous reçurent par-tout avec amitié, éviterent de nous offenfer, & de fe raffembler en grandes troupes ; nous leur fimes de petits préfens ; & le lendemain nous vinmes faire de l'eau & vifiter le pays : ces hommes femblaient nous voir avec plaifir, mais ne fe mêlaient point avec nous : ils firent quelques échanges, puis reprirent leurs occupations ordinaires fans s'inquiéter de nos actions : Mr. Banks vifita leurs habitations ; il y fut reçu avec franchife & fans crainte : il les trouva quelquefois faifant leurs repas, que fa préfence n'interrompait point : leur nourriture dans cette faifon confiftait en poiffon, leur pain était la racine d'une efpece de fougere ; ils la grillent fur le feu, ils la battent enfuite pour en faire tomber l'écorce ; l'intérieur eft une pâte molle, affez douce, point défagréable au goût, mais mêlée de fils, que quelques-uns crachaient & d'autres avalaient : en d'autres tems ils ont d'excellens végétaux : on n'y vit d'animaux apprivoifés que des chiens d'une vilaine figure : leurs champs produifent des patates douces, plantées en planches, des *eddas*, connus dans les Indes orientales, des citrouilles placées dans de petits creux : chaque diftrict était fermé

d'une haie de roseaux très-serrée ; il y avait
150 à 200 acres de terrain cultivé dans cette
baie où l'on comptait environ cent habitans.

Les femmes s'y peignent le visage avec de
l'ocre rouge & de l'huile ; elles sont coquettes
& les filles folâtres : toutes portaient un jupon,
au-dessous duquel était une ceinture d'herbes
parfumées à laquelle était attachée une petite
touffe de feuilles de petites plantes odoriférantes : quelques hommes étaient peints, &
nous en vîmes un qui avait barbouillé d'ocre
sec jusqu'à ses vêtemens, & qui en tenait sans
cesse un morceau à la main pour réparer ce
que le frottement faisait perdre à leur couleur :
ils ne se baignent pas aussi souvent que les
Otahitiens, parce que leur climat est froid ;
mais ils les surpassent en un point, c'est dans
le soin qu'ils ont d'avoir des privés : nulle
ordure ne se voit sur la terre ; les restes des
repas, la litiere, les immondices sont rassemblés & régulierement disposés.

Les bateaux étaient occupés à faire de l'eau,
& Mrs. Banks, Solander & leur compagnie voulant revenir au vaisseau pour mettre en ordre
leur récolte de plantes, les Indiens voulurent bien les y conduire dans une pirogue,

mais ils la firent renverſer dans la houlé en s'y plaçant : cet accident ne les rebuta pas, ſeulement ils firent en deux voyages ce qu'ils avaient voulu faire en un ; ils trafiquerent tout le jour au vaiſſeau : c'étaient des étoffes qu'ils préféraient, mais ils ſemblaient d'abord donner plus de prix à celles d'Otahiti ; ils admirerent tout ce qu'on leur montra de notre bâtiment ; ils paraiſſaient s'attacher à nous : mais comme il était très-pénible de faire de l'eau dans cette baie, qu'on nommait *Tegadoo*, nous mîmes à la voile le lendemain. Un vent directement contraire nous empêcha d'avancer, & des Indiens vinrent pendant que nous luttions contre le vent, nous indiquer une baie plus au midi où il y avait de l'excellente eau douce : je crus devoir m'y rendre. L'aiguade, fort commode, était dans une petite anſe bordée de bois, & en effet ; l'eau en était très-bonne ; des Indiens accoururent pour échanger leurs armes & des proviſions contre des étoffes d'Otahiti, & des bouteilles de verre qu'ils aiment avec paſſion ; ils montraient beaucoup de bonne foi. Mrs. Banks & Solander y recueillirent des plantes, & virent dans les vallées des maiſons qui leur parurent déſertes. Les

Indiens vivaient fur les collines dans des ef-
pèces de hangars conftruits très-proprement:
en avançant dans une de ces vallées, ils virent
un rocher troué dans toute fa profondeur; il
formait une arcade caverneufe d'où l'on découvrait la mer, la baie & une partie des collines voifines: l'ouverture était de 75 pieds de
long, 27 de large, 45 de haut. En revenant,
ils rencontrerent un vieillard qui leur montra
les exercices militaires de fon pays avec la lance
& le patou - patou: c'eft avec la lance qu'ils
cherchent d'abord à percer leur ennemi, c'eft
avec le patou-patou qu'ils l'achevent. Pendant
ce tems nous coupions du bois, nous rem-
pliffions d'eau nos futailles, nous achetions du
poiffon des Indiens. Tupia eut une correfpondance avec un prêtre du pays, & ils parurent
parfaitement d'accord dans leurs idées fur la
religion; l'Otahitien demanda au prêtre s'ils
mangeaient les hommes: celui-ci l'avoua, mais
en affurant qu'ils ne mangeaient que leurs ennemis tués dans le combat. M. Banks gravit
une collline efcarpée pour y voir une haie de
pieux dont nous ne pouvions concevoir l'u-
fage; près d'elle étaient des maifons abandonnées; les pieux avaient feize pieds de haut &

étaient rangés fur deux lignes à fix pieds l'une
de l'autre, un efpace de dix pieds féparait
chaque pieu ; la diftance entre les deux lignes
était hériffée de bâtons, qui du fommet des
pieux fe joignaient par le haut, formant une
efpece de toit ; cette paliffade, avec un foffé
qui lui était parallele, fe prolongeait à cent
verges fur le flanc de la colline : M. Banks n'en
put pas mieux deviner l'ufage, après l'avoir
vue de près, que nous ne l'avions pu de loin.
Pendant ce tems nous faifions chanter aux Indiens leur chanfon de guerre : les femmes l'accompagnerent de contorfions affreufes, rou-
laient leurs yeux, tiraient leur langue & pouf-
faient de profonds foupirs en mefure. Sur une
petite isle voifine, nous vîmes une pirogue de
68 pieds de long, 5 de large, & trois pieds &
demi de haut ; fon fond en quille était formé
de trois gros troncs d'arbres creufés, dont celui
du milieu était le plus long ; les planches des
côtés d'une feule piece, fculptées en bas-re-
lief, avaient 62 pieds de long : près de-là auffi
était la plus grande maifon que nous euffions
vue dans le pays ; les parties qui étaient de bois
étaient très-bien équarries, très-unies, les poteaux fculptés en lignes fpirales & offraient des

figures en contorfion. Nous trouvâmes d'excellent céleri dans cette baie, appellé *Tolaga*, où
l'on eft à l'abri de tous les vents. Sur la pointe
méridionale eft une petite isle très-voifine de la
terre où font deux rochers, dont l'un reffemble
par fes trous, aux arches d'un pont; vers la
pointe feptentrionale on trouve auffi une petite
isle qui n'eft qu'un rocher; la latitude de cette
baie eft de 38 degrés 22 minutes, fa longitude
196 degrés 43 minutes. Du poiffon, des patates douces furent toutes les provifions que
nous y trouvâmes; il y a des rats & des chiens:
on mange la chair de ceux-ci & on fe fert de
leur peau : nous n'y vimes pas d'autres quadrupèdes. Le fommet des collines y eft couvert de fougere, les flancs le font de bois
épais formés de vingt efpeces d'arbres qui nous
font inconnus; celui qui nous fournit du bois
à brûler reffemble un peu à l'érable, & il en
diftille une gomme blanche; il en eft une autre efpece d'un jaune foncé; on y trouve des
choux palmiftes; le pays eft abondant en plantes, les bois font remplis d'oifeaux divers,
tous inconnus; le fol y eft léger & fablon-
neux.

En fortant de la baie, nous vinmes dans

une isle que nous nommâmes d'*Eſt*, parce que la terre ſe dirige à l'eſt. L'isle eſt élevée, ronde, nue, ſtérile ; au nord du cap qui eſt vis à-vis, on voit beaucoup de villages & de terres cultivées & très-fertiles. Le 31, nous découvrîmes une terre qui reſſemblait à une isle : cinq pirogues montées par plus de quarante hommes armés de piques & de haches de bataille vinrent nous défier ; une autre plus grande qu'aucune de celles que nous avions vues, chargée de ſoixante Indiens, partit de la côte & vint droit à nous ; il fallait les empêcher d'avancer ; un coup de canon chargé à mitraille les arrêta ; un autre dont on dirigea le boulet au-deſſus de leur tête, les fit retourner vers la terre avec une précipitation extraordinaire. Sur le ſoir, il en vint aſſez près de nous, mais ſans armes ; nos invitations ne purent les déterminer à s'approcher davantage. Nous nommâmes le cap près duquel nous arriva cette aventure, *Runaway*, ou de la fuite. Nous nous aſſurâmes que la terre découverte le matin était en effet une isle, & nous la nommâmes *White-Island*, isle blanche.

Le 1 Novembre, nous comptâmes quarante-cinq pirogues autour de nous ; quelques-unes

nous

nous parlerent & nous vendirent des écreviffes de mer, des moules, deux congres; les
premiers furent très-honnètes, d'autres vinrent
enfuite qui voulurent nous tromper ; un coup
de fufil tiré en l'air rappella la bonne foi dans
les échanges ; puis ils l'oublierent, nous volerent & fe moquerent de nous ; on tira avec
du menu plomb fur l'un d'eux qui nous avait
dérobé de la toile, il ferra les épaules & continua de faire, avec la plus grande tranquillité, un paquet de ce qu'il nous avait pris ;
toutes les pirogues entonnerent leur chanfon
de défi : nous nous éloignâmes fans qu'elles
nous pourfuiviffent : mais ne voulant pas qu'elles puffent répandre fur la côte qu'elles nous
avaient bravés avec impunité, je fis tirer de fort
loin un coup de canon à boulet ; en paffant
près d'eux, il fit des ricochets, & les épou-
vanta de maniere qu'ils ramerent rapidement
vers la terre.

Nous découvrîmes enfuite plufieurs isles à
quelque diftance de la grande terre, & vîmes partir de celle qu'on nomme *Mowtohora*
une pirogue double, couverte de planches qui
formaient une efpece de tillac ; les Indiens
vinrent, nous parlerent comme amis, puis

après nous avoir lancé une grèle de pierres, ramerent vers la côte ; nous paſsámes la nuit au-deſſous de Mowtohora , & évitâmes par-là les écueils ſemés entre cette isle & la terre. D'autres pirogues revinrent le lendemain, & parmi elles celle qui nous avait inſultés la veille : elle répéta la même manœuvre ; un coup de fuſil lâché en l'air la fit promptement s'éloigner. Au-delà de l'isle, la grande terre aſſez élevée, unie & ſans bois, était remplie de plantations & de villages : ceux-ci étaient grands, ſitués ſur des éminences , fortifiés du côté de terre par un parapet & un foſſé , environnés dans l'intérieur d'une haute paliſſade & de quelques autres défenſes. Nous vímes enſuite l'isle *Mayor*, ou le *Maire* , près de laquelle ſont de petites isles que nous nommâmes *Cour des Aldermans* , entremêlées de rocs qui s'élevaient comme des colonnes & des châteaux. Sur la terre, nous découvrions des bourgades, de grandes pirogues ; mais plus loin le pays parut ſtérile & déſert : les pirogues que nous en vímes partir n'étaient que des troncs d'arbres creuſés par le feu ; les Indiens preſque nuds & d'un teint brun , d'abord nous défierent, puis parurent s'adoucir ; deux

javelines lancées fur le vaiffeau terminerent
l'entretien qu'on avait avec eux; un coup de
fufil les fit fuir vers la côte. Nous entrâmes
enfuite dans une grande baie où nous fûmes
environnés de pirogues ; les Indiens fe montrerent d'abord honnètes, officieux, & nous
leur témoignâmes de la reconnaiffance ; puis.
fur le foir, ils chanterent leur chanfon de
guerre : deux coups tirés en l'air fembla les
irriter plus que les effrayer ; ils fe retirerent cependant, mais en nous annonçant qu'ils viendraient le lendemain nous attaquer avec de
plus grandes forces : ils n'attendirent pas même
au lendemain; deux fois ils vinrent pendant
la nuit, mais trouvant que l'on veillait, ils
fe retirerent pour reparaître pendant le jour.
Douze pirogues chargées d'environ cent cinquante hommes armés de piques, de lances &
de pierres s'avancerent. Tupia leur fit des re-
préfentations qu'ils parurent écouter ; ils vinrent commercer, échanger leurs armes contre
des toiles ou autres objets ; un d'eux reçut
deux fois le prix de la fienne fans la vouloir
céder ; il nous menaça, nous brava, & nous
l'en punîmes ; car voulant demeurer quelques
jours dans ce lieu, il fallait leur infpirer affez

de crainte pour qu'ils ne troublaſſent pas notre tranquillité ; nous tirâmes contre lui avec du menu plomb & nous perçâmes ſa pirogue d'un coup de balle ; il s'éloigna,& les autres ne firent attention ni à ſon vol, ni à la punition que nous en avions fait ; ils continuerent d'échanger avec l'air de l'inſenſibilité. Un autre s'enfuit avec ſa pirogue en nous emportant deux pieces d'étoffes; nous perçâmes ſa pirogue, & tous s'enfuirent. Nous nous avançâmes plus près de la côte après voir viſité la baie, puis nous reçûmes une nouvelle viſite des Indiens, mais ils montrerent plus de bonne foi ; parmi eux était un vieillard qui nous avait frappé par ſon honnêteté & ſa prudence : il paraiſſait être d'un rang diſtingué ; nous le fîmes monter à bord, & je lui fis préſent d'une piece d'étoffe & d'un clou de fiche ; il nous dit que ſes compatriotes nous craignaient ; nous l'aſſurâmes que nous ferions leurs amis s'ils voulaient vivre en paix. Nous allâmes enſuite viſiter le pays en remontant une riviere qui était près de là ; nous pêchâmes quelques mulets, nos filets amenerent quelques coquillages, & la chaſſe nous fournit différens oiſeaux : pluſieurs reſſemblaient à la pie de mer dont ils ne ſe diſ-

tinguaient que par un plumage noir, un bec
& des pieds rouges. Nous vîmes auſſi un combat entre deux Indiens : d'abord ils chercherent
à ſe percer avec la lance, puis des vieillards
les ayant obligés de quitter leurs lances, ils
finirent leurs querelles à coups de poing. On
ne voyait nulle habitation ſur la côte ; les Indiens paſſaient la nuit ſous des buiſſons, les
hommes formant une enceinte où leurs femmes & leurs enfans ſont renfermés ; à côté
d'eux ſont leurs armes : ils ne viennent ſur le
rivage que pour y faire leur proviſion de poiſſons & de coquillages : le pays paraît déſert
& ſtérile ; plus loin, en remontant la riviere,
il eſt plus déſert encore : le ſommet des collines eſt ſeul couvert de verdure : il n'y croît
que l'eſpece de fougere dont la racine ſert de
pain aux naturels, & ils en faiſaient leurs proviſions. Ces peuples ſont diviſés en peuplades
ennemies les unes des autres. Souvent ils ſe
combattent, d'autrefois ils s'évitent, & nous en
vîmes un exemple ; des pirogues qui venaient,
faiſaient éloigner les autres juſqu'à ce qu'on
ſe fut aſſuré ſi les nouveaux venus étaient ennemis ; ces peuples ne reconnaiſſent point de
chefs ou *Teratu* ; nous achetâmes d'eux beau-

coup de poiſſons, ſur-tout de deux eſpeces de maqueraux, l'un ſemblable à celui qu'on pê- che en Angleterre, l'autre un peu différent. Mrs. Banks & Solander trouverent ici beau- coup de plantes, & nous y obſervâmes le paſſage de Mercure ſur le ſoleil. Cette obſerva- tion nous fit donner le nom de *Mercure* à la baie où nous étions & aux isles qui ſont plus au nord.

Pendant que nous obſervions à terre, nous en- tendimes un coup de canon : deux grandes piro- gues portant 47 hommes armés, s'étaient appro- chées avec des apparences hoſtiles ; mais ce que les autres Indiens leur raconterent de nos armes les fit avancer pour faire quelques échanges ; l'un d'eux voulut échanger ſon *haakow*, piece d'étoffe quarrée qui fait partie de leur habil- lement, contre un morceau de drap d'Angle- terre ; il reçut le drap, puis l'emporta avec la piece ; dès qu'on en parut mécontent, lui & ſes compagnons entonnerent leur chanſon de guerre, agiterent leurs lances & défierent nos gens. Mon lieutenant irrité perça le vo- leur d'une balle ; il tomba mort ; les pirogues s'aſſemblerent à quelque diſtance & on crut bue les Indiens méditaient une attaque ; un boulet tiré fur leurs têtes les mit en fuite : cette nouvelle indifpofa d'abord ceux avec qui nous étions, mais étant inftruits comment le fait était arrivé, ils fe rapprocherent : nous les vîmes prendre leur repas compofé de poiffons, d'écreviffes de mer & d'oifeaux que nous ne connaiffions pas : ceux-ci étaient grillés fur le feu, ou rôtis dans un trou garni de pierres chaudes. Parmi eux était une femme affife à terre, verfant un torrent de larmes, répétant d'une voix baffe des paroles plaintives que Tupia n'entendait pas ; elle fe déchirait les bras, le vifage, la poitrine avec le tranchant d'une coquille, & fon fang la couvrait : c'était ainfi qu'elle déplorait, à la mode du pays, la mort d'un de fes parens. J'avais découvert une grande riviere dont l'embouchure eft au fond de la baie, & j'allai la vifiter : nous la trouvâmes divifée en plufieurs branches par des isles plattes couvertes de paletuviers, & inondées à la haute marée ; de ces arbres dif- tille une forte de refine que nous avions vue fur le bord de la mer en petites maffes. Là, nous tuâmes une vingtaine d'oifeaux de l'ef- pece des Cormorans, nous les rôtîmes fur le chàmp & en fîmes un repas excellent, puis montant fur les collines , nous fuivîmes de l'œil au loin le cours de la riviere; fes bords étaient couverts de paletuviers, la greve abondait en petoncles, en huitres de rochers; on y voyait un grand nombre de canards, de cormorans, de corlieus, de pies de mer, d'autres oifeaux de riviere; à l'orient de celle-ci le pays eft ftérile & nud, au couchant il eft orné d'arbres : la riviere eft poiffonneufe : différens ruiffeaux s'y rendent après avoir arrofé les lieux voifins : fur fon bord oriental, près de fon embouchure, était un petit village : nous y fûmes reçus avec honnèteté; ils nous regalerent d'un poiffon à coquille plate qui, fortant' de deffus les charbons , était d'un goût délicieux : près de là, eft une péninfule où l'on remarque le refte d'un fort dans une fituation très-heureufe & très-forte : des rochers efcarpés l'enferment de trois côtés, le quatrieme l'eft par un foffé profond de 14 pieds & par un parapet haut de 8 : il était fortifié par une double paliffade dont les pieux inclinés vers le foffé entraient profondément en terre : il paraiffait avoir été détruit par le feu : ce ferait un lieu commode pour les Européens qui voudraient paffer quelque tems dans ces lieux.

Près de là font des bancs où la mer dépofe d'excellentes huitres, dont nous régalâmes tout l'équipage. Nous vifitâmes auffi le côté feptentrional de la baie où il y avait deux villages fortifiés : l'un d'eux eft dans la fituation la plus pittorefque qu'on puiffe imaginer, fur un rocher détaché que la mer environne dans la haute marée : ce rocher était percé dans toute fa profondeur par une arche dont le fommet s'élevait à foixante pieds au-deffus du niveau de la mer, qui coulait à travers le fond dans la haute marée : le haut du rocher au-deffus de l'arche était fortifié de paliffades ; l'enceinte qu'elles formaient ne pouvait renfermer que cinq ou fix maifons, un fentier étroit, efcarpé, y conduifait ; les habitans nous invitaient à y monter, mais nous préférâmes de vifiter la bourgade voifine dont les hommes, les femmes, les enfans vinrent au-devant de nous en criant *Horamaï*, puis ils s'affirent parmi les buiffons ; ce font des indices de leurs difpofitions amicales : nous leur fimes des préfens & leur demandâmes la permiffion de voir leur village ou *Heppah*, qui s'appellait *Warretouva*, & ils nous y conduifirent avec joie ; il eft fitué fur un promontoire élevé, dont deux côtés lavés par les flots font inacceffibles : lès deux autres le font, l'un par fon élévation efcarpée, l'autre par une paliffade de gros pieux joints fortement enfemble avec des baguettes d'ofier, par un double foffé dont l'intérieur avait un parapet & une feconde paliffade ; toutes deux font enfoncées obliquement en terre : le fecond foffé était profond de vingt-quatre pieds ; auprès était une plateforme élevée de vingt pieds, foutenue par de gros poteaux, d'où l'on pouvait accabler les affaillans de dards & de pierres; du côté efcarpé où un fentier étroit conduifait au village était encore une plateforme, des huttes, quelques autres ouvrages de fortifications : tout le fommet de la colline était environné de paliffades du côté de la mer, comme de celui de la terre ; l'intérieur s'élevait par des plans différens en amphithéâtre, & chaque plan était paliffadé ; ils communiquaient entr'eux par des fentiers étroits qu'on pouvait fermer avec facilité : toutes les parties en étaient bien défendues ; on pouvait y faire des amas de provifions, & nous y vîmes des racines de fougere & des poiffons fecs, l'eau feule y aurait manqué; car on n'y boit que celle d'un ruiffeau qui paffe au pied de la colline ; nous

ne favons s'ils ont des moyens d'en faire provifion, mais cela doit être. Nous défirâmes
voir leurs exercices d'attaque & de défenfe,
& d'abord l'un deux monta fur la plateforme,
un autre defcendit dans le foffé ; ils entonnerent leur chanfon de guerre , danferent en
faifant des geftes effrayans, & fe mirent en
fureur ; c'eft le prélude de tous leurs combats.

Sur le flanc de la colline, eft un demi-acre
de terrein planté de citrouilles & de patates
douces ; c'eft le feul endroit de la baie qui foit
cultivé : deux autres rochers détachés de la
terre qui femblaient ne devoir fervir que de
retraite aux oifeaux, renferment des maifons,
& ont des places de défenfe : plus loin, fur
différentes parties de la côte, nous vîmes d'autres villages dans une fituation femblable ;
l'état de guerre continuel dans lequel vivent
ces peuples, leur fait une néceffité de fortifier
les rocs où ils fe réfugient ; ce même état ne
leur permet pas de cultiver beaucoup de terrein ; & fouvent auffi, ils fe font la guerre,
parce qu'ils manquent de nourriture. Nous
nous étonnâmes qu'ayant pu élever prefque
fans inftrumens, des moyens d'une défenfe
fûre, ils n'euffent point imaginé des armes telles

que l'arc, la flèche & la fronde, qui demandaient moins de combinaisons : ils n'ont pour armes que la lance barbelée, le patou-patou, & un bâton long de cinq pieds, ordinairement pointu à une extrèmité & formé en hache à l'autre ; ils les manient avec la plus grande force & la plus grande agilité.

Après avoir examiné le pays & fait une ample provifion de céleri, nous revînmes au vaiffeau, puis nous fortîmes de la baie accompagné des pirogues dans lefquelles était le bon vieillard *Toiava*, qui nous dit qu'il allait fe réfugier dans fon *Heppah*, pour échapper à la vengeance des amis de l'homme que nous avions tués. Nous remarquerons avant de quitter ce lieu, que ces Indiens ne connaiffent point les métaux, quoiqu'il y ait lieu de croire qu'il y a dans les montagnes des mines de fer, puifque des ruiffeaux amenent fur les bords de la baie beaucoup de fable ferrugineux.

Deux jours après notre départ, nous vîmes fur un promontoire remarquable, des Indiens qui femblaient être dans une conteftation fort vive : bientôt de différens endroits, partirent différentes pirogues, dont deux portant 60 hommes, vinrent nous défier, s'éloignerent, revinrent comme auparavant, déclamant leur chanſon de guerre, agitant leurs armes, nous menaçant de la mort ſi nous oſions approcher de terre. Tupia leur repréſenta en vain que la mer ne leur appartenait pas plus qu'au vaiſſeau,& qu'ils n'avaient pas le droit de nous y pourſuivre; ils continuerent leurs menaces : un argument plus fort opéra; une de leurs pirogues percée par un coup de fuſil les fit retourner ſur leur côte.

D'ici, la terre prenait une direction entre le couchant & le midi; de petites isles étaient ſemées à quelque diſtance, nous ſuivîmes la côte qui, lorſque nous eûmes doublé la pointe, tournait au midi & à l'orient; des deux côtés nous voyions la terre, nous avançâmes dans l'ouverture, où des Indiens vinrent à nous, & parlerent de *Toiava*, de *Tupia*; nous vîmes même le petit-fils du premier : nous fîmes des préſens à tous, puis continuâmes notre route juſqu'à ce que ne trouvant plus aſſez de fond pour aller plus avant, nous jettâmes l'ancre, & allâmes reconnaître le pays dans nos canots; nous reconnumes que la baie aboutiſſait à une riviere que nous remontâmes : l'eau en était douce : ſur ſes bords était un village d'Indiens à qui Toiava avait parlé de nous, & nous leur rendîmes visite : nous continuâmes de remonter la riviere ; mais étant à quatorze milles de son embouchure & voyant que l'aspect du pays était le même, que le cours de la riviere ne changeait point, nous abordâmes sur le rivage occidental. Là étaient des arbres élevés, d'une espece dont nous n'en avions point vus encore : à six pieds de terre, il en était qui avaient vingt pieds de tour, & quatre-vingt-dix de haut, de la racine à la premiere branche ; le bois en est pesant & solide, propre à faire de belles planches, ayant comme le pin la propriété de devenir léger par des incisions, & par-là, pouvant servir à faire d'excellens mâts ; c'est peut-être le plus beau bois qu'il y ait dans le monde : nous vîmes encore dans ce lieu divers arbres d'especes inconnues ; la riviere y est aussi large que la Tamise peut l'être à Greenwich ; le flot de la marée y est aussi fort, mais elle y est moins profonde ; le fond est d'un vase très-mol ; nous lui donnâmes le nom de la riviere à laquelle nous la comparions ; en nous rapprochant du vaisseau, nous rencontrâmes nos honnêtes Indiens avec qui nous trafiquâmes : la marée qui remonta

& le vent, ne nous permirent pas d'atteindre notre bâtiment; il nous fallut attacher notre bateau au rivage & y paſſer la nuit fort incommodés par la pluie: dès le grand matin nous redoublames nos efforts & parvinmes au vaiſſeau dans le moment où le vent devenant plus fort, nous en aurait ôté l'eſpérance ſi nous avions été encore ſur la riviere. Nous fîmes voile juſqu'à ce que le flux nous obligea de jetter l'ancre; alors j'allai viſiter la côte occidentale, tandis que le vaiſſeau était environné de pirogues avec leſquelles nos gens faiſaient un commerce pacifique; mais l'un d'eux ayant volé une partie d'un téleſcope, on voulut l'en punir par deux coups de fouet, & les Indiens croyant qu'on voulait le faire périr, eſſayerent de l'arracher de nos mains, & prirent des armes pour le venger; on leur expliqua ce qu'on ſe propoſait de faire, ils y conſentirent; le châtiment fut infligé, & un vieillard qui était probablement le pere du coupable, le battit encore & le renvoya à terre: cette aventure inſpira cependant des défiances aux Indiens, & ils s'éloignerent quelque tems après pour ne plus ſe remontrer. Nous continuámes notre route ayant toujours la terre des deux côtés,

& devant nous de petites isles : à l'extrêmité nord-ouest de la riviere que nous nommâmes *la Tamise*, est une pointe à laquelle nous donnâmes le nom de *Rodney* ; à l'extrèmité nord-est, est une autre pointe que nous appellâmes cap *Colville* ; celui-ci est sous le 36ᵉ degré 26 minutes de latitude méridionale, & le 183ᵉ degré 3 minutes de longitude : il est fort élevé ; un rocher situé au sommet le rend remarquable & le fait distinguer de loin.

La Tamise descend le long d'une vallée parallèle au bord de la mer : à son orient le sol est élevé ; il est bas au couchant, par-tout il est couvert de bois & de verdure : le lit du fleuve s'élargit & forme la vaste baie où nous entrâmes pendant l'espace de 14 lieues, elle n'a nulle part moins de trois lieues de large ; les arbres couvrent ses bords qui, dans quelques endroits, sont marécageux ; entre les deux caps & dans l'embouchure, elle forme différentes petites isles, & au nord du cap Colville, il y en a une longue chaine que nous nommâmes *Isles de la Barriere*, qui font qu'au-dedans l'ancrage est sûr : les deux caps dont nous avons parlé sont séparés par un espace de neuf lieues : les habitans qui habitent ses bords sont peu nombreux,

breux; mais ils sont forts, bien faits, actifs;
ils se peignent tout le corps avec de l'ocre
rouge & de l'huile : leurs pirogues sont grandes, bien construites, & sculptées avec goût.

Nous suivîmes les côtes de la grande terre,
& vinmes jetter l'ancre dans une baie, à qui
nous donnâmes le nom de *Baie des Brêmes*,
de l'abondance de ces poissons qu'on y trouve :
en peu de tems la ligne nous en fournit pour
nourrir l'équipage pendant deux jours : son
ouverture est de cinq lieues, sa profondeur de
trois ou quatre; au nord est une terre élevée
couronnée de rocs pointus; vis-à-vis sont de
petites isles que nous nommâmes *Hen and
Chickens*, (la Poule & les Poussins). Entre la
baie & le cap Rodney, la terre est basse & garnie de bouquets de bois; nous n'y vîmes point
d'habitans; mais les feux qu'on y remarquait
pendant la nuit, prouvaient qu'elle n'est pas
déserte. Plus loin la terre est basse encore, &
couverte de bois; nous y entrevîmes des maisons éparses, des bourgades fortifiées, des terres cultivées. Nous y reçûmes la visite de deux
cents Indiens amenés par sept pirogues; nous
fimes des présens aux chefs qui se retirerent;
mais alors les autres devinrent incommodes &

Tome VII.   M

fripons, nous en punîmes un avec du menu plomb, les autres nous défierent, nous menacerent ; il fallut les épouvanter avec le canon pour s'en défaire ; & nous continuâmes à suivre la côte : des Indiens inftruits de l'aventure de la veille vinrent amicalement trafiquer ; d'autres les fuivirent : ceux-ci avaient des pirogues bien fculptées, & décorées de plufieurs ornemens : ils étaient armés de patou-patous, de pierres & d'os de baleine ; ils avaient auffi des fanons de bâleine fculptés, & ornés de poils de chien. Leur teint était plus brun, plus marqué de tâches noires que celui des autres Indiens ; ils avaient une large ligne fpirale fur chaque feffe, & de loin on aurait cru qu'ils portaient en général des culottes raiées ; mais les uns étaient plus raiés que les autres ; tous avaient les lèvres noires : l'un d'eux nous vola une piece d'étoffe ; un coup de fufil l'obligea de nous la rapporter, mais alors tous fe retirerent. Nous découvrîmes une pointe remarquable que nous nommâmes cap-*Bret :* la terre en eft élevée ; à quelque diftance eft une petite isle où eft un rocher percé de part en part & reffemblant à l'arche d'un pont : au couchant eft une baie large & profonde dont

les bords font peuplés : les isles voisines le
font aussi : des pirogues nous approcherent ,
ceux qui les montaient, étaient vigoureux &
bien faits ; leurs cheveux noirs s'attachaient en
touffes sur leurs têtes garnies de plumes blanches : les chefs étaient distingués par la finesse
des étoffes qui les couvraient ; ils commerce-
rent frauduleusement comme les autres, & un
seul fut puni par un officier qui, avec l'hameçon d'une ligne de pêche le saisit par le
dos ; l'hameçon rompit & rendit la vengeance
plus courte, mais peut-être plus cruelle. Les
visites fréquentes & nombreuses que nous
recevions dans notre lente navigation le long
de ces côtes, nous prouverent que cette partie de la *Nouvelle Zélande* était très-peuplée.
Forcés par le vent contraire, nous approchâmes de la côte pour chercher un abri près
d'une petite isle ; nous y eûmes de nouvelles
contestations avec les Indiens, qu'un boulet
effleurant la surface de l'eau rendit plus honnêtes, ou moins fripons. J'allai visiter l'isle
avec deux bateaux armés ; dès que j'eus débarqué, les Indiens quitterent le vaisseau pour
accourir en différentes parties de l'isle, & bientôt nous fûmes environnés de deux ou trois

cents infulaires armés qui s'approchaient en
défordre ; nous marchâmes à leur rencontre ;
ils reſterent d'abord paiſibles devant nous ,
mais leurs armes étaient prètes , & ils étaient
plutót irréſolus que pacifiques ; leur nombre
s'augmentant à chaque inſtant, ils devinrent
plus hardis , commencerent leurs danſes , leurs
chanſons , & envoyerent deux détachemens
pour ſe faiſir de nos bateaux ; je vis alors
qu'il était rems de déployer notre puiſſance,
& je tirai mon fuſil chargé à petit plomb , Mr.
Banks & deux autres m'imiterent , & les Indiens en défordre reculerent un peu : un chéf
vint les rallier , & agitant ſon patou-patou , les
conduiſit à la charge avec de grands cris. Le
docteur Solander arrêta ſon impétuoſité ; ſe
ſentant bleſſé , il s'enfuit comme les autres ;
ils ſe raſſemblerent tous ſur un monticule, &
y ſemblaient attendre un chef qui ſe mit à
leur tète pour charger. Ils étaient hors de
notre atteinte, mais le vaiſſeau s'étant approché de la côte, fit voler quelques boulets ſur
la tète des Indiens qui ſe diſperferent alors entierement : aucun d'entr'eux ne fut tué, deux
ſeulement furent bleſſés avec le menu plomb ,
parce que je retins l'ardeur ſanguinaire de mes

gens: devenus paifibles poffeffeurs du terrein
où nous avions combattu, nous dépofâmes nos
armes & cueillîmes du céleri: peu de tems
après, ayant apperçu quelques Indiens, nous
nous en approchâmes; un vieillard fuivi de fa
femme & de fon frere, vint à nous en pofture
de fuppliant; nous le raffurâmes: un de fes
freres avait été bleffé, & il nous demanda avec
inquiétude s'il en mourait, nous lui dîmes qu'il
ne devait pas le craindre; mais que fi l'on nous
attaquait encore, nous donnerions la mort;
en lui parlant avec amitié, en lui faifant quelques préfens, il reprit courage, & en donna
aux fiens qui s'affirent paifiblement près de
nous. De-là, nous montâmes fur une colline
d'où la vue s'étendait au loin; la perfpective
était finguliere & pittorefque, elle s'étendait
fur une multitude d'isles, de bourgades, de
maifons difperfées & de plantations; le pays
était peuplé; des Indiens s'approcherent de
nous, en montrant qu'ils étaient fans armes;
ils furent témoins de la punition infligée à
quelques-uns de nos gens qui leur avaient
volé des pommes de terre; j'infligeai une peine
plus grave à l'un d'eux qui prétendait que
l'Anglais avait des droits fur les poffeffions

des Indiens qui n'en avaient pas fur les fiennes. Nous trafiquâmes amicalement avec les Indiens fur le vaiffeau, ils nous reçurent honnêtement lorfque nous redefcendîmes à terre, ce qui nous arriva fouvent, parce que les vents contraires nous retinrent longtems dans cette baie. Un jour, un vieillard nous montra l'inftrument dont ils fe fervent pour peindre des taches fur leur corps; il reffemble à celui que les Otahitiens employent au même ufage; nous vîmes ceux que nous avions bleffés; la diete & la nature les avaient déja prefque guéris.

Dans leurs plantations, nous diftinguâmes le *Morus-papyrifera*, avec lequel ils font leurs étoffes; mais cette plante y parait rare, & les étoffes qu'on en fait n'y ont d'autre ufage que celui de leur fervir de pendans d'oreilles. Un autre jour nous débarquâmes dans une partie très-éloignée de la baie; tous les Indiens qui l'habitaient prirent la fuite, excepté un vieillard qui nous fuivait par-tout, & à qui nous fîmes des préfens : malgré ces marques d'amitié, il montra beaucoup d'inquiétude en nous voyant approcher d'un fort, fitué fur un rocher ceint de la mer & où l'on montait avec une échelle; quand il vit que nous voulions y monter, il nous dit que sa femme y était ; & comme cette nouvelle ne nous arrêtait pas , il promit de nous accompagner, pourvu que nous fussions décens : l'échelle était dangereuse & fragile, nous nous en servîmes cependant ; trois femmes nous virent & fondirent en larmes ; des présens, des paroles amicales dissiperent leurs craintes : nous visitâmes les maisons, & laissâmes les Indiens satisfaits de notre honnêteté.

Nous partîmes de ce lieu-le 5 Décembre ; mais nous avançâmes avec lenteur ; le calme survint ensuite & nous livra au courant qui nous entraînait rapidement sur des écueils ; nous fîmes les plus grands efforts pour nous tirer de ce danger, le vent qui s'éleva seconda nos efforts & nous regagnâmes le large ; mais au moment où nous croyions être en sûreté, & que nous trouvions dix-sept brasses de fond, le vaisseau toucha : ce choc nous jetta dans la plus grande consternation ; on accourut, on s'informa, & on demandait encore où était l'écueil, que déja le vent nous l'avait fait dépasser.

Nous nommâmes la baie où nous avions séjourné, *Baie des Isles* ; elles y forment plusieurs havres sûrs & commodes, on y trouve par-tout un bon mouillage & des rafraîchissemens : le poisson y est abondant ; la seine avec laquelle les Indiens le prennent est d'une grandeur énorme, elle est faite d'une herbe très - forte , & occupe un espace de trois à quatre cents brasses sur cinq de profondeur ; la pêche est leur principale occupation, des filets mis en tas se voient aux environs de leurs maisons ; on y trouve des goulus , des mulets, des maquereaux , des brèmes , des pastenades & d'autres poissons : les habitans paraissent vivre sans avoir de rois , ils vivent en paix, quoique leurs bourgades soient fortifiées ; la marée s'y éleve de six à huit pieds.

Le vent contraire ralentit notre marche ; nous passâmes près des isles *Cavalles*, que nous avions déja vues ; des poissons qui portent ce nom & qu'on nous y vendit, le leur firent donner : à sept lieues plus au couchant, nous vîmes une baie profonde que nous appellâmes *Doubtless* , & où le vent ne nous permit pas d'entrer : bientôt le calme nous surprit, des Indiens nous approcherent, ils nous vendirent du poisson, & nous apprirent que dans trois

'ours, nous verrions la terre ne s'étendre plus
u couchant & tourner au midi; nous pensâmes que ce lieu qu'ils nommaient *Moore When-
nua*, était la terre découverte & nommée par
Tasman, *Cap Maria van Diemen*: nous leur
demandâmes s'ils connaissaient d'autres pays,
ils répondirent que quelques-uns de leurs ancêtres avaient visité dans une grande pirogue,
une contrée étendue, nommée *Ulimaroa*, qu'a-
près un voyage d'un mois, ils avaient vu un
pays où l'on mangeait des cochons. — En ont-
ils amené de-là, dit Tupia; — non, répondirent les Indiens: — il faut donc que cette his-
toire soit fausse, — répartit l'Otahitien; —
peut-on aller dans un pays où il y a des
cochons & n'en point ramener chez soi? —
Mais aussi pouvait-on lui répondre, comment
ces Indiens pouvaient-ils en savoir le nom
s'ils n'en avaient jamais vu?

Une langue basse de terre qui forme une
péninsule que nous nommâmes *Knuckle*, ou
(de la jointure), sépare la baie Doubtless d'une
autre qui est fort grande, à laquelle nous donnâmes le nom de *Sandy Bay*, (baie de Sable):
nous vîmes de-là, une haute montagne qui
s'élève sur une côte éloignée; je la nommai

Mont Camel, (mont du Chameau): autour
de la baie de Sable, la terre eſt très - baſſe,
fort ſtérile, compoſée d'un ſable blanc amaſſé
en petites collines irrégulieres qui s'étendaient
en cordons parallèles à la côte; nous y vîmes
deux villages, & des pirogues qui ramerent après
nous & ne purent nous atteindre, parce qu'aucune raiſon ne pouvait nous attirer dans cette
baie. Déja nous croyions voir l'extrémité de
la terre de Zélande, lorſqu'une tempête nous
aſſaillit, nous força d'abattre nos voiles hautes
& déchira notre grand hunier. Elle ne dura
pas & nous laiſſa en pleine mer, ne découvrant la terre nulle part; à peine eûmes-nous
découvert une petite isle ſituée à la hauteur
de la pointe Knuckle, que le vent vint de
nouveau déchirer nos voiles ; malgré tous nos
efforts pour nous rapprocher de terre, nous en
étions encore à 17 lieues; lorſque le 16 Décembre, nous découvrîmes une terre qui nous reſtait vers le ſud à 14 lieues, nous tendîmes
vers elle, mais un bouillonnement violent d'eau
nous fit dériver: c'était l'effet d'un courant;
& après avoir lutté contre lui pendant 24 heures, nous étions encore au même lieu. Nous
vîmes alors la pointe la plus ſeptentrionale de

la *Nouvelle Zélande* ; elle est sous le 34ᵉ degré 22 minutes de latitude méridionale & le 190ᵉ degré 35 minutes de longitude ; nous la nommâmes *Cap Nord* ; il se termine en un mondrain applati au sommet, l'isthme qui le joint à la terre est bas, & le fait paraître une isle : on y voit un *Hippah* ou village. Les vents nous forcerent à louvoyer pendant deux jours, puis nous reconnûmes de petites isles qui nous parurent celles que Tasman découvrit & nomma *les trois Rois :* & comme nous n'appercevions point la terre, quoique seulement à 20 lieues au couchant du cap *Nord*, nous en conclûmes que la partie septentrionale de la Nouvelle Zélande était très-étroite : des raffales violentes, une tempête nous secouerent pendant quelques jours encore, pendant lesquels nous portâmes tantôt au midi, tantôt à l'orient, & ce ne fut que le 30 Décembre, que nous pûmes découvrir le cap Maria van Diemen, qui nous parut avoir été bien désigné par les Indiens. Nous revimes le *Mont Camel*, qui, de l'autre côté ne nous avait paru éloigné que d'un mille de la mer, & de celui-ci n'en paraissait qu'à la même distance, ce qui nous fit conclure que la terre n'avait pas plus d'une lieue de large dans cet endroit. Nous étions au milieu de l'été de ces climats, & le vent y était d'une force & d'une durée dont j'avais à peine vu un exemple: nous confumâmes cinq femaines à faire 50 lieues, & encore, nous nous eftimions heureux de n'avoir pas été durant ce tems, plus voifin de la terre, contre laquelle les vents nous auraient brifé.

Le cap Maria eft fous le 34ᵉ degré 40 minutes de latitude méridionale & le 190ᵉ degré 22 minutes de longitude: de là, au mont Camel, la terre n'eft qu'une côte ftérile compofée de bancs de fable blanc; plus au midi eft une terre baffe à laquelle fuccèdent des terres plus hautes, coupées de monticules : plus au midi elles préfentent un afpect défert, ftérile, effrayant; ce font des collines de fable où l'on ne découvre pas une tache de verdure, où la mer fe brifant en lames terribles, affecte l'ame des triftes images de la folitude, de la défolation & de la mort. Nous nous éloignâmes de ces lieux, & fuivant enfuite une direction parallèle à la côte, nous arrivâmes le 10 Janvier 1770, près d'une terre qui s'élevait en petites pentes, couvertes d'arbres & de verdure; la fumée des maifons difperfées, nous annonçaient que le pays était peuplé. Nous appellâmes un promontoire qui s'éleve doucement de la mer à une grande hauteur, *Pointe Woody*, ou boisée ; & une isle qui en est voisine, *Gannet Island*, ou isle des Mouettes, parce que nous y en vîmes un grand nombre. Plus au midi est une pointe escarpée, que nous nommâmes *Pointe Albatrofs :* à quelque distance de celle-ci, nous découvrîmes une montagne très-haute & semblable au pic de Teneriffe ; sa pointe s'élevait au-dessus des nuages dont sa base était environnée ; elle était couverte de neige ; sa base est fort large & s'éleve par degrés depuis la mer qui l'avoisine ; le pays qui l'environne est plat, agréable, couvert d'arbres & de verdure. Nous appellâmes la montagne *Mont Egmont*, nous donnâmes le même nom au grand cap que forme la côte près de lui. La côte au-delà de ce mont s'étend entre le midi & l'orient : en avançant plus loin nous découvrîmes une terre élevée entre le midi & le couchant : elle avait l'apparence d'une isle située au-dessous de la Nouvelle Zélande, & elle conserva toujours cette apparence : la côte que nous suivions était fort haute, coupée par des vallons & des collines, formant plusieurs baies, dans l'une desquelles je voulais entrer pour carener & réparer le vaisseau ; bientôt je me trouvai dans un canal dont l'entrée se remarque par de petites isles & une chaîne de rocs ; la marée nous jetta près de la côte ; mais nos bateaux nous aiderent à nous en éloigner ; nous vîmes la tête d'un lion marin s'élevant au-dessus de l'eau, une pirogue qui traversait une baie sur la côte que nous avions au midi, & un village situé sur la pointe d'une isle ; nous nous en approchâmes, & les habitans en armes se montrerent sur le rivage ; nous jettâmes l'ancre à quelque distance, dans une anse très-sûre & très-commode, sur un fond mou, à la profondeur de onze brasses : quatre pirogues s'approcherent de nous : les Indiens étaient habillés comme les peint Tasman : deux coins de l'étoffe dont ils s'enveloppaient le corps, se relevaient par derriere, passaient sur les épaules & venaient se rattacher sous la poitrine ; peu avaient des plumes dans leurs cheveux ; ils tournerent autour de nous en faisant leurs menaces & leurs défis ordinaires, & ils commençaient à nous lancer des pierres, lorsqu'un vieillard voulut monter sur notre bord, & y monta malgré les

efforts que firent fes compagnons pour le retenir; nous le reçûmes avec toutes les marques de bienveillance poffible, nous lui donnâmes ce qui lui faifait plaifir, & le chargeâ-
mes de préfens pour les autres Indiens. Quand
il fut defcendu dans fa pirogue, les Indiens
danferent ou de fatisfaction, ou pour nous
défier encore; car ils font le même acte dans des
fentimens bien différens; puis ils fe retirerent
dans leur Heppah. Devant nous était une vafte
forêt traverfée par un beau courant d'une eau
excellente; nous pêchâmes & prímes en peu
d'inftans 300 livres de poiffon : c'eft là que
nous carenâmes notre vaiffeau; pendant que
nous étions occupés à le faire, des pirogues
arriverent près de nous, & nous fûmes bien
aife d'y voir des femmes, qui annoncent ordinairement des intentions paifibles chez ces fauvages infulaires; cependant ceux-ci nous firent
craindre une attaque, que le bruit feul des fufils
les obligea d'abandonner, & la friponnerie fuivie de menaces de l'un d'eux, nous ayant fait
encore recourir au menu plomb, ils s'éloignerent de nous, & ramerent à l'entour à quelque
diftance. Nous leur fimes demander par Tupia,
s'ils avaient jamais vu un vaiffeau comme le

nôtre, s'ils n'avaient point entendu dire qu'un femblable y eut abordé: ils répondirent que non. La baie que Tafman appella *Baie des Affaffins*, ne peut être éloignée cependant de plus de cinq lieues du lieu où nous étions.

Les femmes & quelques-uns des Indiens avaient une coëffure compofée de touffes de plumes noires, difpofées en rond fur le fommet de la tête qu'elle couvrait & hauffait du double. Nous defcendîmes à terre, & notre afpect fit fuir avec effroi une famille d'Indiens ; un feul refta & celui-là raffuré, fit revenir les autres : lorfque l'un d'eux meurt, ils attachent une pierre à fon corps & le lancent dans la mer ; nous vîmes flotter fur l'eau le corps d'une femme qu'ils avaient lancé ainfi & s'était féparé de la pierre. Les infulaires s'occupaient alors à apprêter des alimens ; ils faifaient cuire un chien dans leur four : près d'eux étaient des paniers de provifions, dans l'un defquels nous reconnûmes des os humains rongés ; ils paraiffaient avoir été cuits & l'on voyait encore fur les cartilages la marque des dents qui y avaient mordu. Ce fpectacle nous fit horreur. Les Indiens dirent que c'était un de leurs enne-

mis

mis qui était venu fur la côte avec fix autres hommes, & qu'ils avaient tué celui-là.
Comme nous paraiffions douter encore qu'ils
mangeaffent les hommes, l'un des Indiens
nous montra les parties du corps femblables
à celles dont nous voyions les reftes, rongea
l'os & dit que la chair qui n'y était plus
lui avait fourni un excellent repas. Parmi
les femmes qui étaient là, il en était une
dont les bras, les cuiffes, les jambes étaient
déchirées d'une maniere effrayante ; elle l'a-
vait fait pour exprimer la douleur que lui
caufa fon mari tué & mangé par les habitans
de la côte oppofée. Le 17, nous eûmes un
reveil charmant ; nous entendîmes le chant
très-agréable d'une multitude d'oifeaux ; on
croyait entendre de petites cloches parfaitement d'accord ; ces oifeaux commencent toujours à chanter vers les deux heures du matin, & gardent le filence dès que le foleil
eft fur l'horifon. Le vieillard revint encore
nous faire une vifite ; on lui parlal de l'ufage
de manger fes ennemis ; on lui demanda ce
qu'ils faifaient de la tête ; il dit qu'on en
mangeait la cervelle, & qu'on attendait bientôt les Indiens du bord oppofé qui devaient

venir venger la mort de leurs compagnons ;
il nous apporta deux jours après quatre têtes
des hommes qu'ils avaient mangé ; la chair ,
les cheveux y étaient encore ; elles n'a-
vaient point d'odeur défagréable , parce qu'elles avaient été préfervées de la putréfaction
par quelque ingrédient. On n'en put acheter qu'une , les Indiens réfervaient les autres
pour leur fervir de trophées.

La baie où nous étions était vafte & compofée de petites anfes dans toutes les direc-
tions : par-tout elle était bordée d'une forêt
épaiffe : nous y tuâmes des cormorans : le
poiffon eft très-abondant dans ce lieu ; nous
allâmes examiner le filet d'un Indien qui pê-
chait ; fans nous craindre , ni faire beaucoup
d'attention à nous , il fit ce que nous défirions de lui & nous montra fon filet : il était
de forme circulaire , de 8 pieds de diamètre,
& étendu par deux cerceaux : l'appât était
au fond , le haut était ouvert , & quand le
poiffon eft au fond, le pêcheur releve le filet lentement & le ferme : nous trouvâmes en divers
lieux trois os de hanches d'hommes, & des
cheveux fufpendus à une branche d'arbre :
quelques Indiens vinrent d'un bourg que nous

n'avions pas vu, quoique situé fur la baie, & nous vendirent du poiſſon pour des clous dont ils avaient appris l'uſage. Pendant que quelques-uns de nous pêchaient fur les rochers, que d'autres erraient au loin ſans appercevoir nulle part des traces de culture, que MM. Banks & Solander s'occupaient fur la grève de recherches botaniques, je grimpai fur les collines avec un matelot : je croyais pouvoir découvrir de là l'étendue du canal; mais d'autres collines & des bois impénétrables nous en dérobèrent la vue ; je vis cependant un paſſage qui conduiſait de la baie où nous étions à la côte occidentale, & la mer qui baignait la côte orientale : je m'aſſurai que ce qui m'avait paru une partie de la terre ferme n'était que de petites isles où je vis deux villages abandonnés depuis long-tems. Le 14, nous allâmes dans le *Hippah* que nous avions découvert d'abord en arrivant dans la baie : ſes habitans nous reçurent avec civilité, avec confiance : le roc fur lequel il eſt bâti n'eſt ſéparé de la terre que par une fente de quelques pieds ; il eſt eſcarpé de toutes parts ; un ſeul endroit peut être regardé comme acceſſible &

là il eſt paliſſadé : les maiſons des Indiens
ſont propres & commodes ; ils nous vendi‑
rent des os humains & nous vîmes une croix
ornée de plumes , monument élevé à la mé‑
moire d'un mort. Les lieux voiſins de cette
isle n'ont que des maiſons déſertes : nous
fumes ſurpris de ce qu'au milieu de la con‑
fiance que les Indiens nous marquaient , ils ,
ne parlerent à Tupia que de fuſils & d'hom‑
mes tués ; nous ignorions alors qu'un de nos
officiers s'amuſant ſur un bateau , avait vu
trois pirogues s'approcher , & que craignant
d'en être attaqué , il avait fait feu ſur eux ;
mais perſuadés qu'ils n'avaient eu que des in‑
tentions pacifiques , nous fumes affligés de ce
qu'elles avaient été ſi mal reconnues. Le len‑
demain , en viſitant l'embouchure du canal ,
nous rencontrámes ſur la côte une famille
d'Indiens qui ſe diſperſait pour pêcher ; ils
vinrent au ‑ devant de nous , ils étaient au
nombre de trente , hommes , femmes ou en‑
fans ; nous leur donnámes des rubans , des
verroteries ; tous nous embraſſerent & nous
donnerent du poiſſon ; nous fumes charmés
de cette nouvelle connaiſſance: le 26, nous
allâmes voir le détroit qui joint les deux

mers : du haut d'une colline très-élevée, nous le découvrimes ; il nous parut avoir 4 lieues de large : nous élevâmes là une pyramide où nous laiſſâmes des balles, du petit plomb, des verroteries &c. pour être un monument qui aſſurât ceux qui viſiteront ce lieu que des Européens y ont été avant eux : au bas de la colline nous trouvâmes une autre famille d'Indiens qui nous virent avec joie & nous montrerent où nous trouverions de l'eau douce : nous nous rendimes auſſi dans le bourg dont on nous avait parlé ; on ne s'y rend pas ſans danger, mais les Indiens nous y reçurent à bras ouverts ; nous y comptâmes une centaine de maiſons ; le rocher & une plate - forme les défendent : nous donnâmes des clous, des rubans, du papier à ces bonnes gens, & ces préſens leur firent tant de plaiſir, qu'ils remplirent notre bateau de poiſſons ſecs dont ils avaient fait de grandes proviſions. Nous avions auſſi voulu pénétrer dans les terres, mais des plantes paraſites, touffues, entrelaſſées qui rempliſſaient l'eſpace entre les arbres, rendaient les bois impénétrables ; nous cueillîmes du céleri ſur une isle où il était abondant, & pendant que

N 3

nous nous y occupions de cet objet, des Indiens y aborderent; cinq ou fix femmes qu'ils
avaient avec eux , s'affirent , fe firent des .
bleffures effrayantes avec des coquilles ou
des morceaux de talc, tandis que les hommes
infenfibles à leur état, travaillaient à réparer
des huttes abandonnées.

Avant que de quitter ce pays, nous élevâmes
deux poteaux furmontés d'un pavillon,l'un dans
le lieu de l'aiguade, l'autre près du Hippah de
l'isle, que les habitans nomment *Mortuara* :
nous y gravámes le nom du vaiffeau, & le
tems du débarquement; les Indiens promirent
de ne l'abattre jamais : nous leur fîmes encore
des préfens, nous y joignîmes une piece de
monnaie & des clous de fiche où étaient gravés
la grande fleche du Roi : ils nous dirent que
la terre que nous avions au fud - oueft était
compofée de plufieurs ifles, parmi lefquelle₆
en était une très grande fituée à l'orient ; ils
nous affurerent qu'ils n'avaient jamais entendu
parler d'un vaiffeau femblable au nôtre, mais
que leurs ancètres leur avaient dit qu'un
petit bâtiment venant d'une contrée éloignée
nommée *Ulimaraa* , portant quatre hommes,
avaient été tués en débarquant : felon eux

Ulimaraa eſt ſitué vers le nord. Tupia nous avait parlé auſſi de ce pays dont il avait des notions confuſes : nous remarquâmes qu'ils nous vendaient du poiſſon avec peine : quelques-uns s'affligeaient des préparatifs de notre départ, d'autres s'en réjouiſſaient.

Deux fois nous levâmes l'ancre pour nous éloigner ; deux fois les mauvais tems nous forcerent de la rejeter : dans l'intervalle M. Banks & Solander rencontrerent une famille d'Indiens très-aimable ; une veuve y pleurait ſon époux avec des larmes de ſang, ſon fils était près d'elle, tous deux étaient aſſis ſur des nattes, les autres au nombre de ſeize, étaient autour d'eux aſſis en plein air, car ces Indiens ne paraiſſent pas même avoir un abri contre la pluie & les orages : ils ſe montrerent affables, obligeans, & firent regretter à nos obſervateurs de ne les avoir pas connus plus-tôt. Enfin le 6 de Février, nous ſortimes du canal que nous nommâmes *canal de la reine Charlotte*, il eſt ſous le 41ᵉ d. de latitude méridionale & le 192ᵉ d. 45 m. de longitude : la terre au midi du canal eſt appellée par les habitans *Kaomaroo* ; la terre de l'anſe où nous mouillâmes fe nomme *Totaranue* ; nous donnâmes à l'anfe même le nom de *Ship-cove* (anfe de vaiffeau) ; c'eft la plus méridionale des trois qui font au dedans de l'isle Mortuara ; elle eft très-commode & très-fûre ; deux canaux entre les isles y conduifent ; les marées y montent de 6 à 8 pieds : le canal même a trois lieues de large à fon entrée & dix lieues de long : autour, la terre eft fi élevée que nous l'apperçûmes de vingt lieues en mer : ce font de hautes collines, de profondes vallées couvertes de grands arbres dont le bois eft très - dur & pefant : la mer y abonde en poiffons, & fes rivages en cormorans & en oifeaux fauvages : le nombre des habitans que nous vîmes ne furpaffait pas 400 ; ils ne cultivent point la terre & vivent difperfés le long des côtes où ils trouvent du poiffon & des racines de fougere dont ils vivent : dans les dangers, ils fe retirent dans leurs hippas ; ils paraiffent pauvres ; leurs pirogues font fans ornement ; ils femblent connaître l'ufage du fer, & préférerent d'abord le papier à toute autre chofe dans les échanges ; mais quand ils virent que l'eau le gâtait, ils le méprifèrent : ils eftimaient peu les étoffes d'Otahiti, mais beaucoup le gros drap d'Angleterre & le *Kerſey* rouge.

Dès que nous fûmes ſortis du canal, je me dirigeai vers le levant ; mais le calme nous ſurprit, & un courant rapide nous porta près d'un roc qui s'élevait perpendiculairement de la mer ; le danger augmentait à chaque inſtant, & il ne nous reſtait qu'un moyen pour nous ſauver ; ce fut de jetter une ancre ; le fond était à 75 braſſes, elle nous ſoutint juſqu'à-ce que la marée vint nous aider à changer de ſituation : dès qu'elle ceſſa nous remîmes à la voile, & nous approchâmes de la côte méridionale ; d'où l'on voyait s'élever une montagne d'une hauteur prodigieuſe & couverte de neige. Nous donnâmes le nom de *Palliſer* à la pointe la plus méridionale de la terre que nous avions vers le nord: la pointe la plus avancée de celle que nous avions au midi, reçut le nom de *Campbell:* nous étions alors vis-à-vis d'une baie profonde que je nommai *Bay Cloudy*, baie nebuleuſe ou obſcure, au fond de laquelle eſt une terre baſſe couverte de grands arbres. Je ſuivis la côte de la terre ſituée vers le nord, pour m'aſſurer que c'était une isle; j'en étais presque assuré, mais plusieurs de mes officiers en doutaient, & je ne voulais pas laisser de doutes : il s'agissait donc de remonter le long de la côte jusqu'au cap Turnagain que nous avions déjà reconnu & qui n'était éloigné que de 15 lieues du lieu où nous étions. Nous voguâmes vers le nord ; trois pirogues nous atteignirent à force de rames : ceux qu'elles portaient étaient plus propres que ceux de la baie dont nous sortions, ils étaient aussi plus civils : leurs pirogues sont sculptées. En recevant nos présens, ils nous en donnerent en échange : ils nous demanderent des clous & n'en avaient jamais vus ; sans doute ils en avaient entendu parler à leurs voisins, & ce fait prouve qu'il y a beaucoup de communications entre ces peuples : ceux-ci ne sont point soumis au *Teratu ;* ils se retirerent contens de nous comme nous l'étions d'eux. Le tems s'était éclairci, nous vîmes le cap Turnagain à quelque distance, & tous nos officiers étant persuadés que la terre que nous voyions, ou l'*Eaheinomowe*, était une isle, nous cinglâmes vers le levant. Mais le vent nous chassa jusqu'auprès du cap *Pallifer ;* entre lui & le

cap Turnagain, la terre en plufieurs endroits
eft baffe & plate, verte, agréable; dans
l'intérieur on y découvre de hautes collines.
Le 14, nous étions vis-à-vis la haute montagne couverte de neige dont nous avons
parlé, nous cinglions vers le midi, & nous
laiffions derriere nous une chaîne de montagnes très-élevées dont l'extrèmité feptentrionale n'eft pas éloignée du cap *Campbell*; à
fon pied nous découvrions au loin vers les
lieux où nous tendions, une terre baffe qui
femblait une isle: l'après-midi M. Banks étant
defcendu dans le bateau, s'éloigna de nous
pour chaffer; bientôt nous apperçûmes quatre
doubles pirogues s'avancer vers lui; nous fîmes
des fignaux pour le rappeller, il ne les apperçut pas: le calme était profond, & nous
craignîmes qu'il ne fut atteint avant de
nous avoir approché; mais les Indiens n'a-
vaient quitté le rivage que pour contempler
le vaiffeau, & M. Banks revint tranquillement. Tupia employa en vain toute fon
éloquence pour inviter les infulaires à venir
vers nous; après nous avoir examinés, ils
s'en retournerent: nous donnâmes à la terre
d'où ils étaient partis le nom de *Lookers-on,*

ou des spectateurs : c'était celle qui avait l'apparence d'une isle. Nous crûmes voir terre au sud - est, & nous en approchâmes ; mais le lendemain au matin, nous ne vîmes plus même l'apparence qui nous avait trompés. Le 16 . nous en vîmes une dirigée vers le midi & détachée de la côte que nous suivions : c'était en effet une isle à laquelle nous donnâmes le nom de *Banks :* elle est de forme circulaire & a vingt-quatre lieues de tour ; sa surface élevée, irréguliere, brisée, paraît peu fertile ; cependant la fumée qui s'en élevait nous prouva qu'elle n'était pas déserte : sa latitude est de 43 d. 32 m. sud, sa longitude 191 d. Un nuage que l'on crut être une terre située plus à l'orient, nous fit éloigner de ses côtes ; on fut bientôt persuadé qu'on s'était trompé , & nous revinmes près des côtes de la terre que nous avions suivie jusqu'alors & que les habitans nommaient *Tovy Pœnammoo :* balotés par un vent violent , par une mer agitée, nous avançâmes peu ; nous revîmes la côte : c'était un sol bas, plat, terminé par de hautes montagnes , paraissant par-tout stérile & désert ; nous étions alors au midi de l'isle Banks : plus loin nous entrevîmes encore une haute montagne ; nous nous tenions à sept lieues, à cause des lames fortes & bruiantes qui secouaient le vaisseau ; dans cette situation nous tuâmes deux poules *du Port Egmont*, les premieres que nous ayons vues sur cette côte : la terre entrecoupée de collines & de vallées nous parut tourner vers le couchant ; le brouillard nous la cacha peu de tems après, mais les montagnes paraissaient au - dessus du brouillard : lorsqu'il fut dissipé, nous découvrîmes une pointe de terre ou cap avancé que nous nommâmes *Saunders* ; une montagne qui s'éleve à quelque distance en forme de selle, le fait remarquer. Plus au midi la côte paraît médiocrement élevée, entrecoupée de montagnes couvertes de bois & de verdure. Une tempête rendit notre route pénible, dangereuse & lente ; nous nous éloignâmes de la côte, & ne vîmes au loin aucune apparence de terre ; nous revinmes vers celle que nous avions quittée, & nous apperçûmes des baleines & des veaux marins ; la côte, lorsque nous pûmes la revoir, était élevée & unie ; plus loin nous vîmes deux terres, l'une élevée, l'autre basse, qui nous parurent

être des isles ; une bande de rochers qui
parut tout à coup devant nous , nous aurait
mis en danger fi le vent du nord ne s'était
élevé ; elle eft à 6 lieues de terre , & à
quelque diftance , on en voit une autre contre
laquelle la mer brife avec fureur ; nous leur
donnâmes le nom de *Traps* ou de piége , parce qu'en effet ils peuvent furprendre & perdre des navigateurs peu attentifs. Vis-à-vis, la
terre nous parut élevée & ftérile, on n'y voit
point d'arbres ; quelques arbriffeaux y font
répandus çà & là ; elle eft marquée de taches
blanches que je pris pour du marbre : nous
nommâmes *Cap Sud* la pointe la plus méridionale de cette terre ; il eft fous le 47e d.
19 m. de latitude méridionale & fous le 185e
d. 12 m. de longitude. Au - delà eft un golfe
formé par la terre terminée par le Cap Sud,
qui eft un grand promontoire joint à la
grande terre de la Nouvelle Zélande par une
terre baffe. Devant ce golfe eft une isle ou
rocher de mille pas de circuit , très - haut ,
fort ftérile ; & nous lui donnâmes le nom de
Solander : le golfe même paraît n'offrir aucun
abri ; le pays eft hériffé de montagnes dont
le fommet était marqueté de neige ; on y

voit des bois dans les vallées & les lieux élevés, mais nul indice d'habitation : il eſt terminé par la pointe la plus occidentale de cette contrée, & c'eſt pourquoi nous lui don- nâmes le nom de *Cap Oueſt*, ſous le 45ᵉ d. 54 m. de latitude méridionale & le 185ᵉ d. 7 m. de longitude: trois lieues plus au nord eſt une baie que nous nommâmes *Dusky*, ou obſcure ; ſon ouverture eſt de plus d'une lieue, ſa profondeur paraît égale ; elle ren- ferme des isles qui doivent former des abris ſûrs ; ſa pointe ſeptentrionale préſente cinq rochers qui préſentent l'apparence des quatre doigts & du pouce de l'homme, & nous l'appel- lâmes pointe de cinq doigts, *Point five Fingers*: le terrein qui y eſt joint eſt élevé & couvert de bois ; dans l'intérieur on ne voit que montagnes & rochers ſtériles. Je n'entrai pas dans la baie *Dusky*, non plus que dans une autre ſituée plus au nord, & qui paraît offrir un aſile ſûr & commode ; à chaſun de ſes côtés, la terre s'éleve preſque perpendi- culairement à une hauteur prodigieuſe, & ce fut ce qui me fit craindre d'y entrer, car je n'en aurais pu ſortir que par un vent qui aurait ſouffié directement vers ſon entrée,

& on ne peut efpérer qu’affez rarement : mes officiers cependant défiraient vivement qu’on y jetta l’ancre. Nous continuâmes de fuivre la côte dont la direction était vers le nord. Le 15 Mars, en nous approchant de la terre, nous crûmes voir un canal, qui, vu de plus près, ne fut plus qu’une vallée profonde entre deux hautes collines ; plus au nord était une pointe formée de rochers élevés & rougeâtres d’où tombe une cafcade qui fe partage en quatre ruiffeaux, & nous lui donnâmes le nom de *Pointe de la Cafcade* : affez près de la côte, nous ne trouvions point de fond ; tantôt la terre coupée en vallées & en montagnes fe montrait à nous couverte de neige ; tantôt un brouillard épais la dérobait à nos regards ; il nous fallait combattre des lames qui nous portaient fur la côte, & quelquefois un calme profond : la terre continua toujours de fe montrer efcarpée & montueufe dans l’intérieur ; vers le rivage elle eft baffe, & s’éleve doucement jufqu’au pié des montagnes ; la plus grande partie eft couverte de bois : les montagnes forment au-delà de la Pointe des cinq doigts une autre chaîne d’une hauteur prodigieufe, ne préfentant que des rocs

dépouillés,

dépouillés, ou des fondrieres de neige; il eſt difficile d'imaginer une perſpective plus ſauvage, plus effrayante que celle de ce pays vu de la mer: on n'y voit que des fentes entre les rochers, & point de vallées; mais à leur pied, juſqu'au rivage, le ſol eſt couvert de bois, il forme des vallées très-larges & unies où il paraît qu'il y a beaucoup de marais: Nous navigeâmes en ſuivant toujours cette côte juſqu'au 27, où le brouillard diſſipé me fit appercevoir une isle que je reconnus bientôt pour être la même que j'avais vue à l'entrée du détroit de *la Reine Charlotte*. Alors nous eumes fait le tour de ce pays; mais je voulus faire de l'eau avant de le quitter; j'entrai donc dans une baie, où je trouvai un abri pour le vaiſſeau & une aiguade; nous nous occupâmes à remplir nos futailles, à couper du bois: nous examinâmes les côtes de la baie; du haut d'une colline je n'en pus voir l'extrèmité, & il me parut qu'elle avait pluſieurs entrées, ou des baies plus petites, à couvert des vents de mer par les isles qui ſont en dehors; la terre y eſt montueuſe, couverte d'arbres, de buiſſons, de fougères, de huttes abandonnées:

les pierres veinées y ont une apparence minérale, mais nous n'y trouvâmes aucun minerai.

J'aurais defiré revenir en Europe par le cap *Horn* ; mais il aurait fallu braver le froid qui règne dans ces climats, même lorſqu'on y arrive en été, & nous y ferions arrivés dans le milieu de l'hiver : en revenant par le cap de *Bonne - Eſpérance*, nous ne pouvions eſpérer de faire aucune découverte intéreſſante. Nous réſolumes de prendre la route des Indes orientales, de tendre au couchant juſqu'à ce que nous euſſions rencontré la *Nouvelle-Hollande*, & de la ſuivre juſqu'à ſon extrèmité ſeptentrionale, ou de chercher les isles de *Quiros*. Nous partîmes donc le 31 Mars 1770, de la Nouvelle-Zélande, en partant du point le plus oriental de la terre que nous venions de parcourir, & je l'appellai cap *Farewell* ou d'*adieu ;* la baie de laquelle nous ſortions reçut le nom de *Baie de l'Amirauté :* les deux pointes qui la forment eurent le nom de *Stepheens* & de *Jackſon :* entre l'isle qui eſt à ſon entrée & le cap Farewell, eſt une autre baie dont nous ne pûmes diſtinguer le fond, l'eau n'y eſt pas profonde, nous l'appellâmes Baie des Aveugles, *Blind-Baie*; je crois que c'eſt la *Baie des aſſaſſins* de Taſman. Mais avant de quitter ces lieux, jetons un coup-d'œil général ſur le pays, ſes habitans, leurs mœurs, leurs uſages.

Ce pays, diſtingué ſur les cartes ſous le nom de *Nouvelle-Zélande* fut découvert le 13 Décembre 1642 par *Abel Janſen Taſman*, qui la nomma *Terre des Etats*; attaqué dans la Baie des Aſſaſſins, il ne deſcendit plus à terre & ne la connut qu'imparfaitement. Elle eſt formée de deux isles & ſituée entre le 34ᵉ & le 48ᵉ d. de latitude méridionale, & entre le 196ᵉ d. 30 m. & le 183ᵉ d. 30 min. de longitude. Nous avons dit que les habitans donnent à la plus ſeptentrionale le nom d'*Eaheinomauwe*, à la méridionale celui de *Tovy* ou *Tavai-Poenammoo*. Celle-ci eſt un pays montueux pour la plus grande partie, preſque ſtérile, & peu habitée : celle-là eſt remplie de collines & de montagnes, mais toutes couvertes de bois; chaque vallée y eſt arroſée par un ruiſſeau d'eau douce : leur ſol, celui de leurs plaines, eſt léger, cependant fertile, & on peut croire

O 2

que toutes les graines & les légumes d'Europe y viendraient bien ; les végétaux qu'on
y voit nous ont fait penfer que les hivers y
font plus doux qu'en Angleterre , & l'été n'y
eft pas plus chaud ; un établiffement Européen
pourrait y profpérer promptement ; les feuls
quadrupèdes font les chiens & les rats : ceux-
ci y font peu nombreux ; il y a des veaux
marins fur la côte , mais en petit nombre ;
les naturels du pays en travaillent les dents en
forme d'aiguilles de têtes ; on y trouve auffi
quelques baleines : des oifeaux qui y vivent,
la mouette eft peut-être la feule qui foit
exactement comme celle d'Europe : les canards , les cormorans cependant reffemblent
affez aux nôtres : on y trouve auffi des efpeces de faucons , de chouettes , de cailles &
plufieurs petits oifeaux dont le chant eft
très-mélodieux. Les oifeaux de l'Océan, comme
les albatrofs , les fous , les pintades , n'y paraiffent que de tems en tems. On y voit
auffi le pengoin ou nuance , efpece mitoyenne
entre l'oifeau & le poiffon, dont les plumes
diffèrent peu des écailles , & les ailes des
nageoires. Il y a affez peu d'infectes ; on y
voit des papillons, des efcarbots, des mou-

chcs de fable ; mais ils ne font pas affez nombreux pour être incommodes. La mer y fourmille de poiffons très-fains & d'un goût agréable, leur diverfité eft égale à leur abondance : on y voit des troupes innombrables de diverfes efpeces de maquereaux & plufieurs fortes d'autres poiffons que nous n'avions jamais vus ; le plus délicat eft une efpece de hommard, différent en divers points de l'écreviffe d'Angleterre ; il eft rouge & tout hériffé de pointes fur le dos : nous y avons trouvé l'*éléphant de Pejegalo* ou le *poiffon coq* décrit par Frezier, des efpeces de chiens de mer, des anguilles, des congres de différentes efpeces, & d'excellens poiffons à coquille, comme des clams, des pétoncles & des huitres. Le pays eft couvert de grandes forèts remplies de bois de charpente, d'arbres droits & vigoureux : il y en a un fur-tout qui fe faifait diftinguer par une fleur écarlate qui femble être un affemblage de plufieurs fibres ; il eft de la groffeur du chène, eft très-dur, très-pefant, & convient pour tous les ouvrages de moulin : un autre très-élevé & très-droit qui croît dans les marais, peut fournir de très-beaux mâts de vaiffeau ; fa feuille reffemble à celle

de l'if, & il porte des baies dans de petites
touffes : aucun ne porte des fruits bons à
manger. Le fol eſt couvert de verdure, & il
s'y trouve beaucoup de plantes inconnues en
Europe ; mais on y trouve peu de celles que
nous connaiſſons ; il n'en eſt qu'un petit nombre qui fourniſſent un aliment ; le céleri, le
creſſon y ſont abondans ; on y mange la racine de fougère & une autre plante qui eſt
déſagréable au goût : on y cultive les ignames,
les patates douces, les cocos, & des citrouilles
qui fourniſſent des vaſes utiles : le meurier
à papier chinois s'y trouve, mais il eſt rare :
il y a deux eſpeces d'une plante qui tient
lieu aux habitans de chanvre & de lin ;
toutes deux ont la feuille du glayeul, les
fleurs de l'une ſont jaunes, celles de l'autre
ſont d'un rouge foncé : ils s'habillent avec
les feuilles ſans autre préparation ; ils en font
des cordons, des filets, des lignes, des cordages plus forts que ceux du chanvre, & en
font encore des étoffes excellentes : cette plante
utile ferait un beau préſent à faire à l'Europe.
Il paraît qu'il y a des métaux, mais on ne
peut le dire que par conjecture : les lieux où
un établiſſement pourrait le mieux réuſſir, ſe-

raient dans les environs de la Tamife, & dans la *Baie des Isles.*

Ce pays a de grands espaces absolument déferts, & là où il eft habité, il ne paraît l'être que près des côtes: les hommes y font grands, forts, bien proportionnés, vigoureux, agiles, ils montrent dans tout ce qu'ils font beaucoup de dextérité; leur teint eft brun; les femmes n'ont pas les organes délicats, mais leur voix eft très-douce; elles font plus gaies, plus enjouées, plus vives que les hommes: l'habillement des deux fexes eft le même: les hommes ont les cheveux & la barbe noire, les dents régulieres & très-blanches; ils vieilliffent & ont peu de maladies; & comme leurs femmes ils font doux & affables, & fe traitent avec beaucoup d'égards, mais ils font implacables envers leurs ennemis: la mifere & la détreffe où peuvent être réduites des peuplades qui ont peu de végétaux comeftibles, prefque point d'animaux domeftiques, paraiffent être les caufes de ces guerres qui changent ces hommes doux en bêtes féroces, & en antropophages: ils nous regarderent d'abord comme des ennemis, puis lorfqu'ils eurent connu nos forces, &

que nos intentions n'étaient pas de leur
nuire, quoique nous en eussions le pouvoir,
ils eurent en nous une confiance sans bornes,
& nous les surprimes rarement dans une action mal - honnète ; ils montrent dans leur
commerce & leur maintien , autant de ré-
serve , de décence & de modestie dans des
actes qu'ils ne croient pourtant pas criminels,
qu'on en trouve parmi les peuples les plus
civilisés : les femmes sans être sévères , étaient
décentes , & manquer aux égards qu'elles
exigeaient , c'était rompre avec elles. L'huile
ou graisse dont les deux sexes s'oignent les
cheveux , est ce qu'ils ont de plus désagréa-
ble ; ils connaissent l'usage du peigne & en
ont besoin : les hommes attachent leurs cheveux au - dessus de leur tète , ou les font
avancer en pointe de chaque côté des joues ;
les femmes les portent courts ou les laissent
flotter sur leurs épaules ; les uns & les autres
se peignent le corps de taches noires ; mais
les femmes en ont moins & de plus petites
que les hommes ; ceux-ci semblent en ajou-
ter toutes les années, & les vieillards en font
couverts : outre ces taches, ils ont sur le
corps des sillons profonds & larges d'une li-

gne, dont les bords font dentelés : le vifage
des hommes âgés en eft prefqu'entierement
couvert ; elles font ordinairement tracées en
fpirales, avec beaucoup de précifion & d'élégance : fur le corps elles reffemblent au
feuillage des cifelures anciennes : de loin elles
paraiffent toutes femblables ; elles font toutes
différentes quand on les voit de près : c'eft
ici fur les feffes où l'on en voit le moins:
nous avons vu qu'ils fe peignent auffi la peau
avec de l'ochre rouge & de l'huile.

Leur habillement paraît d'abord bizarre ;
les feuilles de glayeul dont ils le compofent,
font coupées en 3 ou 4 bandes. qu'ils entre-
laffent, & ils en forment une étoffe qui tient
le milieu entre le réfeau & le drap ; deux
pieces de cette étoffe font un habillement
complet ; l'un s'attache fur l'épaule & pend
jufqu'aux genoux ; l'autre eft enveloppée autour de la ceinture & pend jufqu'à terre :
cette couverture convient à des hommes accoutumés à vivre & dormir en plein air : ils
font d'autres étoffes plus unies & qui font
faites avec bien plus d'art ; la plus belle fe
fait des fibres dont nous avons parlé, entre-
laffées comme nos toiles ; ils la manufactu-

rent dans une espece de chassis de 5 pieds
de long, de 4 de large ; les fils qui forment
la chaine sont attachés au bout du chassis,
& la trame se fait à la main. Ces étoffes sont
bordées de franges de différentes couleurs ,
faites sur différens modèles , travaillées avec
beaucoup de propreté , & même d'élégance,
quoiqu'ils n'aient point d'aiguilles ; leur
plus riche habillement est celui qui a une
fourrure de bandes de peaux de chien diffé-
remment colorées. Les femmes négligent plus
leur habillement que les hommes ; elles n'ô-
tent la piece d'enbas que lorsqu'elles entrent dans l'eau pour prendre des écrevisses
de mer , mais alors elles ont soin de se cacher aux hommes : nous en surprîmes un
jour dans cette occupation, & nous vîmes
les unes se cacher dans les rochers, & les
autres se tapir dans la mer jusqu'à ce qu'elles
eussent fait une ceinture & un tablier des
herbes marines qu'elles purent trouver, &
encore elles ne se montraient qu'avec peine.
Les deux sexes ont des trous aux oreilles,
assez grands pour y passer le doigt, où ils
enfilent de l'étoffe, des plumes, des os d'oiseaux, quelquefois du bois, ou des clous

que nous leur donnions, ou le duvet de
l'albatrofs, formant deux touffes de la groffeur du poing & blanches comme la neige :
ils y fufpendent auffi des cifeaux, des aiguilles de talc vert, des dents & des ongles de
leurs parens morts, &c. : les femmes fe font
des bracelets, des colliers d'os d'oifeaux &
des coquillages ; les hommes portent un
cordon autour du cou, auquel ils attachent
un morceau de talc vert ou d'os de baleine,
fur lequel on a groffièrement fculpté la figure d'un homme : nous avons vu un homme
qui portait une plume au travers le cartilage
de fon nez.

Leurs habitations font groffièrement conf-
truites ; elles ont 20 pieds de long, 10 de
large, 6 de haut, & font formées de perches
minces, recouvertes d'herbes feches, garnies
quelquefois en dedans d'écorces d'arbres ; on
y entre en fe trainant fur fes mains ; près de
la porte eft un trou quarré qui fert de cheminée & de fenétre, & dans l'endroit le plus
vifible, eft fufpendue une planche fculptée dont
ils font beaucoup de cas : le toit s'avance fur les
côtés & forme un abri où la famille s'affied
fur des bancs ; le foyer eft un quarré creux en-

touré de cloifons de bois ou de pierres ; un peu de paille étendue fur les côtés forme leurs lits. Un coffre qui renferme des paniers, des citrouilles vuidées, quelques outils grof-fiers, leurs habits, leurs armes, leurs plumes, eft tout leur meuble, toutes leurs richeffes : ceux qui font d'une claffe diftinguée ont des maifons plus grandes : ces habitations fuffifent à des hommes qui couchent prefque toujours fous des buiffons avec leurs femmes & leurs enfans, & qui ne cherchent 'pas même d'abri pendant la pluie. Nous avons parlé de leurs alimens ; ils n'ont point de vafe pour faire bouillir l'eau ; ils font cuire la viande dans des fours , ou l'enfilent à une broche qu'ils élevent & plantent près du feu : dans la partie méridionale , nous n'a-vons point vu que l'on cultivât des végétaux. Ces hommes n'ont d'autre boiffon que de l'eau. Leurs pirogues font conftruites avec beaucoup d'art ; elles font longues & étroites ; les plus grandes font deftinées pour la guerre & peuvent porter cent hommes ; le fond en eft aigu, avec des côtés droits en forme de coins, compofé de trois longueurs creufées d'environ deux pouces , bien attachées par des cordages; chaque côté eſt fait d'une longue planche d'un pied de large, d'un pouce & demi d'épaiſſeur; un grand nombre de traverſes les aſſurent; la poupe & la proue étaient ornées de planches ſculptées, & dans la derniere elle avait 14 pieds de haut; quelques-unes ne ſont formées que d'un arbre creuſé, ne ſont ornées que d'un viſage hideux qui lance une langue monſtrueuſe & dont les yeux ſont des coquillages blancs; les bâtimens de guerre ſont décorés de planches à jour, & couverts de franges flottantes de plumes noires; les pagaies avec leſquelles ils les font mouvoir, ſont petites, légeres, bien faites; la pèle eſt ovale, a deux pieds de long & le manche quatre; ils ne ſavent naviger que par un vent favorable; la voile de natte ou de réſeau, eſt dreſſée entre deux planches qui ſervent à la fois de mâts & de vergues; deux pagaies leur tiennent lieu de gouvernail. Ils ont des haches faites d'une pierre noire & dure, ou d'un talc vert qui ne caſſe point: leurs ciſeaux ſont faits d'oſſemens humains, ou de jaſpe coupée en parties angulaires comme nos pierres à fuſil; nous ne ſavons comment ils les aiguiſent. Un long pieu étroit

& éguisé par un bout avec une petite traverse de bois sur laquelle ils appuient le
pied, leur sert de bêche & de charrue : ils
cultivent leurs terres avec soin dans la partie septentrionale ; l'art de la guerre seul est
également connu dans la méridionale. Nous
avons parlé de leurs armes ; la principale est
le *patou-patou* qu'ils attachent à leur poignet
avec une forte courroie, pour qu'on ne puisse
le leur arracher : ils le portent dans la paix
à leur ceinture ; une côte de baleine, blanche comme la neige, décorée de sculpture,
de poils de chien & de plumes, sert de
bâton de distinction aux chefs qui ordinairement sont âgés ; leurs paroles de défi sont
presque toujours les mêmes. *Haromai, ha-*
romai, harre uta, a patou patou oge. " Venez
„ à nous, venez à terre, & nous vous tue-
„ rons tous avec nos patou - patous " : leur
danse de guerre consiste en mouvemens violens, en contorsions hideuses : ils tirent la
langue & relevent les paupieres de maniere
qu'on ne voit que le blanc de l'œil ; ils agi-
tent leurs lances, ébranlent leurs dards &
frappent l'air avec leurs patou - patous : les
couplets de leur chanson de guerre est tou-

jours terminé par un foupir long & profond :
dans leurs danfes , ils montrent beaucoup
d'adreffe & de dextérité , & dans leurs chants
beaucoup d'oreille & de goût , les femmes y
donnent l'accent le plus doux & le plus agréable , la mefure en eft lente & la chûte plain-
tive ; il nous fembla que leurs airs étaient à
plufieurs parties ; ils ont des inftrumens fono-
res : l'un eft la coquille , appellée la *trom-
pette de Triton :* l'autre eft une petite flûte
de bois , ou une efpece de fifflet ; ils ne s'en
fervent pas pour chanter avec des voix.

Nous avons parlé de leurs *heppahs* ; nous
ajouterons ici que nous n'en trouvâmes point
dans les environs de la baie de *Pauvreté* , de
Hawke , de *Tegadoo* & de *Tolaga* , mais feulement des plate-formes longues , garnies de
pierres & de dards : le peuple y paraît vivre
dans la plus grande fécurité ; leurs plantations
font plus nombreufes , leurs pirogues mieux
décorées , leurs étoffes plus fines ; ils recon-
naiffent l'autorité d'un roi qu'ils nommaient
Teratie , & qui habitait à *Bay-plenty* , ou dans
la baie de l'Abondance : fon empire paraît s'é-
tendre fur 80 lieues de côtes : il a fous lui plufieurs chefs fubalternes , dans quelques diftricts

l'autorité paraît héréditaire, prefque toujours elle eft dans les mains des vieillards. Les petites fociétés difperfées femblent avoir & conferver en commun leurs belles étoffes & leurs filets de pêche : les deux fexes mangent enfemble, mais nous ne connaiffons point la maniere dont ils partagent leurs travaux : il nous parut que l'homme labourait, faifait des filets, allait à la chaffe & à la pêche, que la femme recueille les racines de fougère, ramaffe près de la grève les poiffons à coquilles, apprête les alimens, fabrique les étoffes. Il nous parut encore que ces peuples reconnaiffaient l'influence de plufieurs êtres fupérieurs, dont l'un commande à tous : nous ne favons quels hommages ils leur rendent, nous n'y avons vus aucun lieu deftiné à un culte public, excepté peut-être une petite place quarrée environnée de pierres, au milieu de laquelle s'éleve un des pieux qui leur fervent de bêche, foutenant un panier rempli de racines de fougère, que les Indiens nous dirent être une offrande, pour fe rendre les dieux favorables. Dans la partie feptentrionale, on nous dit qu'ils enterraient leurs morts ; dans la méridionale, qu'ils les jettaient à la mer : ils nous cachaient comme

un

un myftere, tout ce qui eft rélatif aux morts : les cicatrices des parens annoncent la mort de ceux qui leur furent chers. Leurs mœurs ont affez de reffemblance avec celles des infulaires de la mer du Sud, pour faire croire qu'ils ont la même origine ; ils difent que leurs ancêtres vinrent, il y a très-long-tems, d'un autre pays, nommé *Heawife* ; la conformité de langage en eft une plus forte preuve encore, car Tupia fe fit par-tout entendre des Zélandois : la prononciation eft différente dans les deux isles en quelques points, mais les mots font les mêmes : devant les noms, ils mettent les articles *he* ou *ko* ; après beaucoup de mots ils ajoutent celui d'*œia*, fur-tout lorfqu'ils répondent à une queftion une feconde fois, comme pour affirmer ce qu'ils ont dit d'abord. Mais quel pays peupla originairement celui-ci ? L'exiftence du continent Auftral eft plus que problêmatique, nous n'en avons point trouvé dans les parties de l'océan que nous avons vifitées, & plufieurs raifons appuient l'opinion contraire ; mais pour la décider, il faudrait un nouveau voyage entrepris dans ce but.

Revenons à notre voyage. Après avoir quitté le cap *Farewel*, nous nous dirigeâmes au cou-

chant : il y avait douze jours que nous navi-
gions lorſque nous vîmes des oiſeaux & des poiſſons volans qui nous annonçaient la terre ; mais,
nous ne la découvrîmes que huit jours après,
c'était le 19 Avril : nous donnámes à la pointe
la plus méridionale de la terre que nous apperçûmes, le nom de *Points-Hicks*, du nom
de mon premier lieutenant qui la découvrit
le premier ; & quoique par le Journal de Taſman, le milieu de la terre de *Van Diemen*,
dût être plus au midi, nous n'appercevions aucune terre au-delà de ce promontoire qui eſt
ſous le 37ᵉ degré 58 minutes de latitude méridionale, & le 166ᶜ degré 51 minutes de longitude.
Plus au nord, nous vîmes un mondrain rond
qui reſſemble au *Ram-head*, (tête de bélier) :
qui eſt à l'entrée du goulet de Plymouth, &
je lui en donnai le nom : la terre nous parut
baſſe, unie, le rivage couvert d'un ſable blanc,
l'intérieur l'était de verdure & de bois ; nous
vîmes là trois trombes à la fois, & ſur le ſoir
nous découvrîmes une petite isle voiſine d'un
promontoire, derriere lequel ſont des collines
ondes : je le nommai *Cap Howe*. Le 20, la
terre ſe préſenta ſous un aſpect agréable ; ſon
élévation était médiocre, elle était mâlée de

collines qui s'élevaient insensiblement, de vallées, de plaines, de forêts, entre lesquelles on
voyait quelques prairies; nous continuâmes
de nous diriger au nord, & le lendemain nous
vîmes vis-à-vis de nous une haute montagne
à qui sa figure fit donner le nom de *Dro-*
madaire; au-dessous est un cap qui reçut le
même nom: nous n'avions vu de lieu propre
à un mouillage qu'une baie qui nous parut
même peu sûre; plus haut est un cap formé
par un rocher coupé à pic, nous l'appellâmes *Pointe Upright;* c'est près de lui que
nous apperçûmes pour la premiere fois de
la fumée. Le lendemain 22 Avril, nous vîmes sur le rivage plusieurs habitans qui nous
parurent d'une couleur noirâtre ou d'un brun
très-foncé. Une montagne qui ressemblait par
sa forme à un colombier, s'élevait devant nous;
vis-à-vis était une petite isle, derriere laquelle
nous espérâmes trouver un abri; mais notre
espérance fut trompée, & de grosses lames nous
forcerent de nous en éloigner: la côte nous
offrait alors un mélange de rochers pointus &
de grèves, derriere lesquelles on voyait au loin
de hautes montagnes couvertes de bois; presque toutes sont applaties au sommet, & leurs

flancs font hériffés de rochers efcarpés : les
arbres qui ombragent ce pays font gros & élevés. Nous continuâmes de cingler au nord,
& le jour de *St. George*, je découvris un promontoire auquel je donnai ce nom, & deux
lieues plus loin une baie, que le vent ne me
permit pas de vifiter. Sa pointe feptentrionale
reçut le nom de *Long-Nofe*, (long-nez) :
plus avant dans les terres eft une colline ronde
dont le fommet a la figure d'un chapeau, &
au bas de laquelle eft une pointe que nous
nommâmes *Red-Point*, ou Pointe-rouge. Sur
le foir nous vîmes le long de la côte quelques
colonnes de fumée, & des roches blanches
qui s'élevent perpendiculairement de la mer
à une grande hauteur. Le 27, nous cherchâmes à defcendre à terre avec l'efquif ; nous
voyions des hommes marcher à grands pas fur
le rivage ; quatre d'entr'eux portaient un canot fur leurs épaules. J'allai à eux fuivi de
Mrs. Banks & Solander, de Tupia, & de quatre rameurs. Les Indiens s'affirent fur les rochers, devant eux étaient quatre petits canots,
mais dès que nous fûmes près du rivage, ils
s'enfuirent dans les bois ; la houle ne nous
permit pas d'aborder, nous regardâmes de loin

les canots affez femblables aux petites pirogues
de la Nouvelle Zélande ; nous remarquâmes
qu'il n'y avait point de brouffailles entre les
arbres répandus fur la côte ; nous y vîmes des
palmiers & des palmiftes ; après ces obfervations, nous revinmes affez mécontens au vaiffeau ; le calme rendait dangereux des brifans
qui étaient affez près de nous, & nous nous
eftimâmes heureux qu'une brife légere s'élevât
pour nous en éloigner : le lendemain à la pointe
du jour nous découvrîmes une baie qui paraiffait ètre à l'abri de tous les vents, je m'en ap-
prochai, je la fis fonder, & nous réfolûmes
d'y entrer. Les habitans parurent armés de
longues piques, & d'une efpece de fabre de
bois ; les uns nous invitaient à defcendre, les
autres agitaient leurs armes & nous menaçaient ;
deux avaient le vifage faupoudré d'une farine
blanche, leur corps était partagé en larges raies
de la même couleur, qui fur la poitrine & le
dos préfentaient l'apparence de bandoulieres,
& de jarretieres fur les jambes & les cuiffes ;
tous parlaient entr'eux avec beaucoup de chaleur. Nous jettâmes enfin l'ancre dans la baie,
fur les pointes de laquelle nous voyions des
huttes & des familles d'Indiens : près d'elles,

des hommes chacun dans une pirogue, har-
ponnaient du poiſſon, & ils s'en occupaient ſi
fortement qu'ils ne firent pas attention au vaiſſeau qui paſſa près d'eux : vis-à-vis de nous
était un village de ſix à huit maiſons; nous en
vîmes ſortir de jeunes enfans qui allerent au-
devant d'autres enfans & d'une vieille femme
qui ſortait d'un bois voiſin, chargés de fagots à
brûler; tous étaient nuds; la femme nous re-
garda ſans crainte, ſans ſurpriſe; les hommes
arriverent avec leur poiſſon, & apprêterent
leur diné près du feu que la vieille avait allumé: tous étaient nuds, ils ne faiſaient nulle
attention à nous, & nous penſions qu'ils ne
s'embarraſſeraient pas davantage de notre deſ-
cente à terre; nous nous trompions: dès que
nous parûmes, les uns s'enfuirent, deux vinrent nous diſputer le paſſage, armés d'une pique longue de dix pieds & d'un bâton court;
ils nous parlerent d'un ton élevé, dans un langage dur & déſagréable, où ni Tupia, ni nous,
ne pûmes rien comprendre: j'admirai leur courage, fis ceſſer de ramer, & tâchant de nous
faire entendre par ſignes, nous cherchâmes à
les gagner en leur jettant des clous, des verroteries & autres bagatelles; ils parurent s'ap-

paiſer, mais dès que nous approchâmes, ils reprirent leur ton menaçant; je fis tirer ſur eux un coup de fuſil ſans plomb: l'un d'eux était jeune & fut d'abord effrayé, bientôt il reprit avec vivacité les armes que la ſurpriſe avait fait tomber de ſes mains, & ils nous lancerent une pierre: alors je fis lâcher un fuſil chargé à petit plomb qui bleſſa le plus âgé à la jambe, & le mit en fuite, nous le crûmes du moins; mais à peine étions-nous débarqués, qu'il revint avec une eſpece de bouclier & nous lança ainſi que ſon camarade des javelines; il fallut encore un nouveau coup pour les forcer à ſe retirer dans les bois où nous n'allâmes point les pourſuivre. Nous vîmes des petits enfans dans leurs huttes où nous dépoſâmes des morceaux d'étoffes, des rubans & d'autres préſens; mais d'où nous emportâmes 50 lances, avec des branches armées d'os de poiſſon, toutes barbouillées d'une ſubſtance viſqueuſe de couleur verte, qui nous faiſait croire qu'elles étaient empoiſonnées; mais l'examen détruiſit cette idée: elles étaient ainſi barbouillées, parce qu'ils s'en étaient ſervis à prendre du poiſſon dans des lieux embarraſſés d'herbes marines; les pirogues voiſines mal travail-

lées étaient faites d'une feule écorce d'arbre
que des bâtons tenaient ouverte : nous cherchâmes de l'eau & n'en trouvâmes que dans
un trou creufé dans le fable ; mais en vifitant
la pointe feptentrionale de la baie, nous en
vîmes qui tombait du haut des rochers dans
une mare : ce lieu était abfolument défert :
dans un autre endroit, nous en trouvâmes un
courant où il était plus facile de remplir nos
futailles.

Sur le rivage, nous vîmes des écailles d'huitres plus grandes que toutes celles que j'avais
pu voir ailleurs ; quelques Indiens fe montrerent & s'enfuirent auffi-tôt ; ils n'avaient pas
touché aux préfens que nous avions laiffé dans
leurs huttes : on en vit qui examinerent avec
beaucoup d'attention nos futailles fans y toucher,
& emmenerent leurs pirogues : en vain leur
faifait-on tous les fignes d'amitié & de bien-
veuillance qu'on pouvait imaginer, ils fe retiraient avant qu'on put les aborder ; nous les
entendîmes avant le jour entrer dans leurs huttes & pouffer de grands cris, puis fe prome-
ner le long de la grève & fe retirer enfuite
dans les bois où ils allumaient des feux ; le 30,
ils parurent vouloir attaquer nos gens occupés

à cueillir des plantes, mais ils fe bornerent à pouffer des cris & rentrerent dans la forêt. Le 1 Mai, un de nos matelots nommé *Sutherland*, fut enterré fur la pointe méridionale de la baie qui reçut fon nom : nous allâmes enfuite vifiter le pays ; nos préfens étaient toujours dans les huttes, nous y en ajoutâmes de nouveaux, tels que des étoffes, des miroirs, des quincailleries : la terre y eft couverte d'un gazon épais & de grands arbres ; nous y vîmes un quadrupède de la groffeur d'un lapin que nous ne pûmes prendre, & la fiente d'un autre qui par analogie nous parût être de la taille du daim, des traces d'un animal dont les pattes étaient comme celles du chien, & d'autres qui femblaient être celles d'un putois ou d'une belette : nous vîmes un grand nombre d'oifeaux, parmi lefquels il y en avait d'une très-grande beauté, tels que des loriots & des catacouas. Nous revinmes de notre courfe, & nous apprîmes qu'une vingtaine d'Indiens avaient fuivi quelque tems deux de nos officiers fans les attaquer, que s'étant enfuite arrêtés en voyant que les deux officiers avaient rejoint plufieurs d'entre nous, quelques matelots avaient voulu marcher à eux, mais que voyant qu'ils ne fuiaient pas, ils avaient eu peur eux-mêmes, & qu'en fe retirant avec précipitation, ils avaient encouragé quatre de ces Indiens qui s'étant avancés, leur avaient lancé leurs javelines : nous arrivions alors, & pour faire voir aux Indiens que nous ne les craignions ni ne leur voulions du mal, nous allâmes vers eux en leur faifant des fignes de paix ; mais ils s'éloignerent : les jours fuivans, on en vit quelques-uns ; tous s'enfuirent ; nos armes dont ils nous avaient vus faire ufage à la chaffe, leur avaient infpiré de la terreur : dans une de nos promenades nous en découvrîmes dans de petites pirogues ; en nous voyant ils s'éloignerent à la rame : lorfque nous revinmes, nous trouvâmes les reftes d'un repas des Indiens, c'étaient des moules que chacun avait grillées à part ; ils les avaient abandonnées en nous voyant, nous en goutâmes & plaçâmes auprès quelques préfens. Un jour, cependant, un de nos officiers rencontra un vieillard, une femme & quelques enfans, fous un arbre au bord de l'eau : ils ne s'apperçurent mutuellement que lorfqu'ils furent près les uns des autres : les Indiens témoignerent d'abord des craintes, mais ne s'enfuirent pas ; ils refuferent un perroquet que l'officier avait tué & leur offrait; il resta peu de tems avec eux; ils avaient la peau d'un brun très-foncé; l'homme & la femme avaient les cheveux gris, & tous étaient nuds. Deux autres Anglais en rencontrerent six dans les bois, & un septieme perché sur un arbre, qui au signal qu'ils donnerent, leur lança une javeline; mais voyant que le coup n'avait pas porté, ils s'enfuirent: il fallut renoncer à l'espérance de les apprivoiser.

La baie où nous étions était sous le 34ᵉ degré de latitude méridionale, & le 160ᵉ degré 53 minutes de longitude; la grande quantité de plantes nouvelles qu'on y trouva, m'engagea à l'appeller *Baie de Botanique*; elle est étendue, sûre, commode, reconnaissable par une terre unie & médiocrement élevée; son entrée a un quart de mille de large; la meilleure situation est vers la côte du nord; on y peut facilement faire du bois & de l'eau; elle est très-poissonneuse & on y trouve des pastenades de plus de 300 livres; au fond il y a beaucoup d'oiseaux aquatiques, & par-tout d'excellens coquillages; la marée y est haute de quatre à cinq pieds: des deux pointes qui en forment l'entrée, l'une reçut le nom de *Solander*, l'autre celle de *Banks*.

Nous en partîmes le 6 Mai, & fuivimes la côte toujours en cinglant vers le nord ; quelques lieues plus loin, nous vîmes un havre que nous appellâmes *Port-Jackfon* ; une autre plus au nord fut nommée *Bay - Broken*, ou Baie-rompue : le lendemain nous eûmes la vue d'une terre qui s'avançait en trois pointes arrondies, que nous nommâmes *Cap des trois Pointes :* nous n'y vîmes point d'habitans, mais çà & là un peu de fumée. Le 10, nous apperçûmes une montagne remarquable, un peu éloignée de la côte : elle avait la forme d'un chapeau ; fur le foir nous vîmes au nord d'une pointe baffe de rocher, une anfe qui me parut à l'abri de tous les vents ; nous lui donnâmes ainfi qu'à la pointe le nom de *Stephens* ; à fon entrée font trois petites isles: dans l'intérieur, affez près de la côte, font quelques montagnes hautes & rondes ; de la fumée s'élevait en divers endroits ; au-delà du cap *Hawke*, nous en vîmes s'élever du fommet d'une montagne : parmi celles que nous voyions il en était trois très-groffes, très-élevées, qui fe joignent l'une à l'autre & fe reffemblent : elles peuvent être vues de 15 à 16 lieues au loin, nous les nommâmes les *Trois Freres.* Nous nous approchâmes de la terre vers un lieu d'où nous voyions des colonnes de fumée obfcurcir l'air: c'était un cap d'une hauteur confidérable, furmonté d'un mondrain rond, derriere lequel il y en a deux plus gros & plus élevés; il reçut le nom de *Smoakey*, (ou de la fumée): à une affez grande diftance de la côte, nous ne trouvions que de 21 à 30 braffes. Plus nous nous éloignions de la baie Botanique, plus la terre devenait montueufe : d'abord elle préfenta un mélange agréable de hauteurs, de collines, de vallées & de plaines couvertes de bois ; près du rivage, la terre était fablonneufe, coupées de rocs, & quelquefois de montagnes qui de loin paraiffent des isles. Le 15, étant à une lieue de la côte, nous regardâmes avec nos lunettes vers le rivage & nous vîmes une vingtaine d'hommes qui avaient fur leur dos un gros paquet qui nous parut de feuilles de palmiers : ils marchaient fans nous regarder le long d'un fentier qui conduifait fur une colline derriere laquelle nous les perdîmes de vue : près de-là était une pointe élevée que nous nommâmes cap *Byron ;* à l'orient d'une montagne coupée à pic font des brifans dangereux, ce qui nous lui fit donner le nom de

Mount Warning, ou *Mont d'Avis*. Après avoir paffé les caps que nous appellâmes *Look-Out* & *Moreton*, nous vîmes la baie de ce dernier nom, où le fond eſt une terre baſſe, & où quelques perſonnes ſuppoſaient une riviere, parce que la mer y était plus pâle; le vent ne nous permit pas de nous en aſſurer: au nord de ce lieu ſont trois montagnes, remarquables par la forme ſinguliere de leur élévation qui les fait reſſembler à une verrerie; auſſi les nommâmes-nous *Glafs-Houſe*. Le 18, nous vîmes une pointe de terre ſi inégale, qu'elle reſſemble à deux isles ſituées au-deſſous de la terre; nous l'appellâmes *Double-Island:* ſur ſon flanc ſeptentrional ſont des roches blanches, & la terre y forme une grande baie ouverte dont le fond eſt une terre très-baſſe: cette partie de la côte eſt médiocrement élevée, le ſol en eſt ſablonneux & ſtérile; avec nos lunettes nous découvrions des amas mobiles de ſable que le vent tranſportait, ils ne laiſſaient voir que la tête encore verte des arbres qu'ils avaient couverts, & abandonnaient des troncs dépouillés: des terrains bas remplis de brouſſailles paraiſſaient habitables, mais ne nous laiſſaient voir aucun veſtige d'habitans.

Près de nous pafferent en nageant deux ferpens d'eau ; ils reffemblaient à des ferpens de terre, & avaient de fort belles taches, mais leur queue était large & plate, fans doute pour leur fervir de nageoires : le 19, nous vîmes un grand nombre d'Indiens raffemblés fur une pointe ronde & noire ; il s'en éleva de la fumée pendant le jour, & des feux y brillerent pendant la nuit : une chaîne de rochers qu'on nomma *Brife - mer*, qui s'étendait au nord, femblait partir d'un cap couvert de deux monceaux de fable blanc, que nous nommâmes *Sandy ;* nous navigeames à l'orient de ce banc jufqu'à ce que nous euffions trouvé affez de fond pour le traverfer ; nous le traverfâmes en effet à huit lieues du cap Sandy ; nous vîmes près de là pour la premiere fois l'oifeau appellé *Boubie ;* il en paffait des volées continuelles qui volant le foir entre le nord & le couchant, en revenaient le matin & fe dirigeaient entre le midi & le levant ; nous conjecturâmes qu'il y avait dans cette direction au fond d'une baie profonde que nous appercevions un lagon, ou une riviere, ou un canal d'eau baffe, où ils allaient pêcher le jour, & qu'il y avait vers le nord des isles où ils fe

retiraient la nuit : nous nommâmes cette baie,
baie d'*Hervey*. Nous nous approchâmes de la
terre qui était baſſe ; mais au-delà de laquelle
il y avait des collines couvertes de bois. Plus
loin nous vîmes une large baie où je réſolus
de mouiller : la terre autour de nous, parut couverte de palmiers, & ſur le rivage ſe prome-
naient des Indiens qui ne daignaient pas nous
regarder. Nous y jettâmes l'ancre ſur le ſoir,
& je deſcendis à terre le lendemain pour examiner le pays : le vent était ſi froid que nous
fûmes obligés de prendre nos manteaux ; nous
trouvâmes dans la baie un canal qui conduiſait dans un grand lagon où il y a des bas-fonds :
les vaiſſeaux peuvent mouiller dans le canal
qui a un quart de mille de large : autour ſont
des fondrieres & des marais ſalans ſur leſquels
croit le véritable paletuvier des isles de l'Amérique, que nous n'avions point vu encore :
ſur ſes branches nous remarquâmes des nids
de fourmis vertes, qui ſortaient en foule lorſqu'on agitait les branches ; leur piquure eſt
plus douloureuſe que celle des autres fourmis :
ſur ces arbres ſe trouvent encore des chenil-
les vertes, rangées ſur les feuilles comme des
files de ſoldats ; leur corps eſt couvert d'un

poil

poil épais qui pique comme une aiguille ; mais
la douleur qu'elle caufe eft moins durable.
Parmi les bas-fonds étaient de gros oifeaux
dont quelques-uns nous parurent être des pelicans très-fauvages : nous y tuâmes une efpece
d'outarde qui pefait 17 livres & demie, & qui
fut le meilleur oifeau que nous euffions mangé
depuis notre départ d'Angleterre : la mer y
abonde en poiffons ; on y trouve auffi des huitres de toutes efpeces, entr'autres le marteau,
& de petites huitres perlieres. Nous ne vîmes
point d'habitans, mais du vaiffeau on en apperçut une vingtaine qui vinrent l'examiner,
puis fe retirerent : nous remarquâmes bien de
la fumée en divers endroits & trouvámes dix
petits feux qui brûlaient les uns près des autres dans un bofquet d'arbres fort ferrés, contre lefquels étaient élevés des morceaux d'é-
corce pour mieux les préferver du vent :
cette écorce était molle & d'autres morceaux
étendus par terre paraiffaient avoir fervi de
lits : des vafes d'écorces, des coquilles, des
os de poiffons, reftes d'un repas, étaient répandus autour : nous n'apperçumes nulle part des
maifons ni des débris de cabanes.

Nous partîmes de ce lieu le 24, par un

vent léger, nous côtoyâmes des brisans, puis nous suivîmes les sinuosités de la terre : le lendemain nous passâmes le tropique du Capricorne, & donnâmes son nom à un promontoire qui est situé directement sous cette ligne : il est élevé, blanc, stérile ; près de lui sont des rocs & des isles : à son couchant est un lagon dont deux bancs de sable forment l'entrée ; sur ces bancs on découvrait une multitude d'oiseaux ressemblans aux pelicans : au-delà du promontoire la terre est basse & sablonneuse, coupée par des pointes de rocs ; l'intérieur est montueux & triste : nous passâmes ensuite entre la terre & plusieurs isles hautes, d'un circuit resserré, & peu fertiles. Nous vimes au loin dans les terres de la fumée ; l'aspect du pays nous fit croire qu'il y avait là un canal ou une riviere, nous avions trop peu de fond pour tenter de le vérifier, & sans nous approcher de terre, nous fûmes bientôt obligés de jetter l'ancre & de faire sonder tout autour de nous pour trouver un canal plus profond ; pendant ce tems on s'amusait à pêcher, mais on ne prit rien que des crabes de deux especes, l'une du plus beau bleu sur le dos, les pinces & les jointures, avait le ventre du

blanc le plus brillant: l'autre marquée d'un ou-
tremer léger fur les jointures & les pinces, avait
fur le dos trois taches brunes qui formaient
un coup d'œil fingulier. Nous cherchâmes un
paſſage au travers des isles que nous nommâmes *Keppel*, ainfi que la baie qu'elles paraiffent défendre ; & nous le trouvâmes : la terre,
les isles font habitées ; nous y vimes de la fumée & des habitans. Plus loin eft le cap *Mo-
nifold*, où la terre eft haute & s'éleve en collines : devant lui font trois isles. Au nord d'un
cap que nous nommâmes *Townshend*, font
plufieurs isles, & le cap même dont la terre
eft élevée, unie, prefque nue, nous parut en
être une : elles s'étendaient auſſi loin que notre vue ; leur élévation, leur contour eft très-
varié, aucune ne fe reſſemble ; des bas-fonds
nous firent aller fans ceſſe la fonde à la main,
ayant un bateau devant nous. Le 29, nous
vimes un canal où je défirais entrer pour vifiter le pays & attendre la pleine lune : nous y
jettâmes l'ancre, & y defcendîmes ; la terre y
eft couverte d'une herbe dont les tiges pointues & barbelées s'attachaient aux habits & pé-
nétraient jufqu'à la chair ; une nuée de mofquites nous y tourmentaient ; aucun courant d'eau

douce ne s'offrait ; nous y remarquâmes des branches d'arbres, où de petites fourmis blanches avaient fait des nids d'argile larges comme un boiffeau, & d'autres qui étaient perforées par une fourmi noire , qui en faifait fortir la moelle & s'y logeait enfuite : ces branches étaient verdoyantes & fleuries comme les autres : une multitude de papillons y repofaient, tandis que des millions d'autres voltigeaient dans l'air : là, nous vîmes encore une efpece de poiffon laiffé fur la grève par la marée , armé de deux nageoires de poitrine très-fortes avec lefquelles il fautillait comme une grenouille. J'avais remarqué que cette terre donnait des indices de minéraux, & j'en eus bientôt une preuve nouvelle ; je voulus prendre le plan de cette baie , & je remarquai que l'aiguille de ma bouffole variait prodigieufement dans fa pofition ; j'en conclus qu'il y avait dans les collines des mines de fer. En remontant le golfe avec le docteur Solander, nous le trouvâmes dans un efpace de huit lieues, large de quatre à cinq milles, puis fes côtés s'ouvraient & formaient un grand lac : j'obfervai qu'un bras de ce lac s'étendait vers le levant, & peutètre il communique avec la baie fituée au cou-

chant du cap *Townshend:* au midi je voyais
des collines élevées où je désirais gravir, mais
le tems était mauvais, le jour touchait à sa fin,
& nous revinmes : nous avions vu çà & là
de la fumée & même deux hommes qui marchaient le long de la côte. Mr. Banks d'un autre côté, avec plusieurs personnes de l'équipage,
visiterent le pays ; ils entrerent dans un marais fangeux, couvert de paletuviers dont les
branches enfoncées dans la boue leur servaient
quelquefois d'appui, & qui s'échappant quelquefois sous leurs pieds, les faisaient enfoncer plus
avant ; souvent il fallait enfoncer ses pieds &
ses mains dans la vase pour s'en tirer. Ils virent les restes d'un repas de quelques Indiens
& des tas d'herbes où ils avaient couché. Un
autre détachement entendit la voix de quelques hommes, vit les traces d'un grand animal, apperçut des outardes & d'autres oiseaux,
parmi lesquels il y avait de beaux loriots. Le
pays était en général sablonneux & stérile,
coupé par de profonds ravins, effets d'abondantes pluies qui forment des torrens. Nous
donnâmes à ce golfe le nom de *Thyrsty-Sound,*
ou canal de la soif, parce que nous n'y trouvâmes point d'eau douce : chacune des pointes

qui le forment a une colline élevée, ronde, efcarpée, & des deux côtés eft un groupe d'isles : les oifeaux y font fi fauvages qu'on ne put en prendre. Sa latitude méridionale eft de 22 degrés 10 minutes, fa longitude eft 167 degrés 12 minutes.

Nous quittâmes ce lieu, le 31 Mai; nous navigeâmes encore entre la côte & des isles; bientôt un banc nous força de jetter l'ancre : nous nous éloignâmes enfuite de ce lieu, & nous mîmes à l'abri de trois isles, que nous reftâmes jufqu'au lendemain, où nous continuâmes notre route; un grand nombre d'isles s'étendaient toujours à perte de vue; nous vîmes le large canal (*Broad-Sound*); il a dix lieues à fon entrée, eft embarraffé d'isles & de bancs de fable, & a au nord une pointe que je nommai *Palmerfton* : notre navigation était lente, & les bas-fonds la rendaient dangereufe, quoique nous fuffions à deux lieues de terre & à quatre des isles : plus loin eft le cap *Hillborough*, promontoire élevé, derriere lequel la terre paraît entrecoupée de montagnes, de çollines, de plaines, de vallées, couverte de verdure & de bois : la plus grande des isles avait à peine cinq milles de tour; plus près de la terre il en était de très-petites d'où nous vîmes s'élever de la fumée.

Le 3 Juin, nous navigeâmes au couchant, vers un paſſage qui ſe trouva une baie dont le fond était une terre très-baſſe , éloignée de ſix lieues de ſon ouverture, nous lui donnâmes le nom de *Baie Repulſe :* nous évitâmes d'y entrer, & tournant au nord-oueſt, nous paſſâmes encore entre la terre & d'autres isles , parmi leſquelles on en remarque une petite , très-élevée & ſe terminant en pic : cet eſpece de canal a ici cinq lieues de long ; le fond y eſt bon , & il peut être regardé comme un havre ſûr, près duquel la terre offre des baſſins ; la terre , les isles y préſentent auſſi des prairies & des bois : ſur l'une des dernieres nous vîmes deux hommes & une femme , & une pirogue mieux travaillée que celles que nous venions de voir : nous don-nâmes aux isles le nom de *Cumberland* , & au paſſage celui de *Pentecôte* , parce que nous le traverſâmes durant ces fetes. Lorſqu'on en eſt ſorti, on découvre le cap *Glocefter :* il eſt élevé & a près de lui l'isle d'*Holborne :* au couchant du cap eſt une baie profonde qui pa-raît ſe joindre à la baie Repulſe : nous l'appel-lâmes *Edgcumbe :* à ſon couchant eſt un promontoire qui s'éleve tout-à-coup au milieu de terres baffes, & nous le nommâmes cap *Upf-tart*; on le découvre de 12 lieues; derriere font des terres élevées & ftériles; mais en général la côte eft baffe, & prefque par-tout nous voyions s'en élever de la fumée. Le 6, nous vîmes l'embouchure d'une baie qui s'étend à deux lieues de profondeur; elle & le cap qui la termine au levant, eurent le nom de *Cleveland*; devant elle eft une isle qui fut appellée *Magnétique*, parce qu'en s'en approchant l'aiguille fe dérangeait fans ceffe : tout autour, le terrain eft rocailleux, brifé, ftérile; cependant la fumée annonce qu'il n'eft pas fans habitans. Au-delà, nous trouvámes un groupe d'isles fituées à cinq lieues de la terre, où nous vîmes de grandes colonnes de fumée ondoyer dans l'air : fur les isles nous vîmes quelques habitans & des pirogues : nous crûmes y découvrir des cocotiers, & tandis que je m'en approchais avec le vaiffeau, Mrs. Banks & Solander s'y firent conduire dans la chaloupe; en y débarquant, ils trouverent que ces cocotiers n'étaient que des palmiftes : ils y cueillirent quelques plantes, & y virent un homme qui, en les appercevant, fit un grand cri & fe eacha: Nous cinglâmes vers le promontoire que nous appercevions au-delà; il était élevé, & vers sa pointe est un mondrain rond qui semble en être détaché: je l'appellai *Pointe Hillock*, (pointe du mondrain); avec l'isle Magnétique il forme la large baie que nous nommames *Hallifax*; entre le cap *Hillock* & celui de *Sandwich*, qui en est à près de quatre lieues, est une terre élevée, brisée, stérile: plus loin sont de nouvelles isles, & vis-à-vis, une belle & grande baie qui semble offrir un bon abri; mais je ne m'y arrêtai pas, & lui donnai le nom de *Rockingham*: entre sa pointe septentrionale & quelques isles, est un passage où nous nous engageâmes, & d'où, avec nos lunettes, nous découvrîmes une trentaine d'habitans rassemblés sur une isle; ils étaient nuds, bruns, & avaient les cheveux courts: ils regarderent le vaisseau avec curiosité: l'une de ces isles semble toucher la terre, & nous la nommâmes *Isle Dunk:* d'autres plus au nord, reçurent le nom de *Frankland:* devant elles est une pointe élevée, qui eut le nom de *Grafton*; elle commence une côte de 20 lieues, remplie de rochers, presque nue, mais cependant habitée: près du cap est une isle basse, couverte de bois

& de verdure, vis-à-vis de laquelle est une baie où nous entrâmes pour faire provision d'eau douce: le fond était un sol bas rempli de paletuviers: le pays s'élevait ensuite partout en collines escarpées & n'offraient aucune commodité pour faire de l'eau, ce qui me détermina à revenir au vaisseau & à continuer notre route: jusqu'alors, pendant un espace de 1300 milles au travers des bas-fonds, les noms que nous avions imposé n'avaient point été des monumens de détresse. Un cap situé au-delà de la baie *Trinité*, mérita que nous lui donnassions le nom de *Cap de la Tribulation*: nous découvrions vis-à-vis de lui différentes isles ou des rochers; & voulant éviter le danger où nous pouvions nous jetter pendant la nuit, comme aussi m'assurer s'il n'y avait pas des isles en pleine mer, je voulus gagner le large: le vent était bon, la lune brillait, le fond était de 21 brasses, & nous étions tranquilles: pendant que nous soupions, on nous annonça que le fond n'était plus que de huit brasses, & à cette nouvelle nous courrions tous à nos postes; mais nous retrouvant l'instant après dans une eau profonde, nous crûmes avoir échappé au danger: vers les dix heures le fond diminua de nouveau, de 20 braffes il vint à 17, & avant qu'on put rejetter la fonde, le vaiffeau toucha & n'eut de mouvement que celui que la houle lui donnait en le battant fur le rocher où il était : en un inftant nous fûmes fur le tillac, tous épouvantés ; nous craignions que le vaiffeau ne fut engagé dans un rocher de corail, le plus dangereux de tous : on abattit les voiles, les vergues, les huniers ; on mit les bateaux en mer pour fonder ; ils trouverent que nous étions fur une bande de rochers & le bâtiment échoué dans un trou qui était au milieu : en des endroits, il y avait trois ou quatre braffes d'eau, en d'autres il n'y avait pas quatre pieds ; nous portâmes nos ancres à l'arriere où il y avait du fond à une moindre diftance, & travaillâmes en vain de toutes nos forces pour le faire mouvoir ; il battait toujours avec tant de violence que nous ne pouvions nous tenir fur nos jambes : à la lueur de la lune nous voyions autour de nous flotter les planches du doublage de la quille, puis la fauffe quille , & à chaque inftant nous croyions le voir s'écrouler fous nos pieds ; nous penfions à l'alléger, mais alors la marée baiffait,

& nous perdions par-là autant de fond que
nous en pouvions gagner par nos efforts à
décharger le bâtiment : notre feul efpoir était
dans la marée fuivante ; mais le bâtiment pourra-
t-il tenir jufqu'alors ? le rocher le froiffait avec
force, & nous travaillâmes à notre délivrance
fans l'efpérer : les pompes agirent, nous jetâmes dans la mer les canons que nous avions
fur le tillac, avec notre left & des futailles,
des jarres d'huiles, de vieilles provifions, tous
les matériaux les plus pefans ; tous agiffaient
fans murmure, fans juremens ; l'aurore parut
& nous montra la terre à huit lieues de nous,
& point d'isles entr'elles & nous, pour aider à tranfporter nos débris quand le vaiffeau
ferait en pieces : heureufement le calme fur-
vint, il fit naître une faible efpérance ; & dans
le moment que la marée monta, nous portâmes
nos ancres dehors, cependant & la marée & tout
ce que nous fîmes pour l'alléger ne le firent flotter que d'un pied & demi ; il fallut l'alléger davantage encore : jufqu'alors il n'avait pas fait beaucoup d'eau : mais à mefure que la marée montait, l'eau y entrait avec tant de force, que
deux pompes travaillant fans ceffe, pouvaient
à peine nous empêcher de couler à fond : peu

de tems après d'autres voies d'eau s'ouvrirent.
Nous n'avions plus d'efpoir que dans la marée
de minuit qui devait être plus forte que celle
du jour; nous difpofâmes tous nos inftrumens
pour les faire agir tous à la fois de la maniere
la plus avantageufe; à cinq heures nous vîmes
la marée remonter, mais nous remarquâmes
en même tems que les voies d'eau faifaient
des progrès allarmans; à trois pompes qui travaillaient fans ceffe, nous voulûmes en joindre deux autres, l'une d'elles fe trouva hors
d'état de fervir, & l'eau faifait des progrès
qui nous perfuadaient que lorfque le vaiffeau
cefferait de toucher, il coulerait à fond; tout en
regardant ce moment comme celui de notre
deftruction, nous ne laiffâmes pas d'y travailler
avec la plus grande vigueur : il nous femblait déjà être à cet inftant fatal, entendre
les cris, les conteftations qui s'éléveraient pour
être reçu dans les bateaux qui ne pouvaient
tous nous contenir : arrivés à terre, que pou-
vions-nous faire dans un défert horrible, fans
fubfiftances, fans aucune défenfe contre les
habitans, qui même comme amis ne pouvaient pas nous donner des confolations ? il
approchait cet inftant ; tout était difpofé pour

agir , & les hommes qui n'étaient pas occupés à pomper, se tinrent près du cabestan & du vindar : à 10 heures dix minutes la mer fit baloter le vaisseau, nous fîmes les derniers efforts & nous le vîmes enfin flotter en pleine eau , il y en avait près de 4 pieds dans la cale ; tout le monde se mit aux pompes & l'on parvint à empécher les progrès de l'eau ; mais après des fatigues excessives pendant 24 heures, après l'agitation d'esprit qui nous avait tourmentés , nous tombions dans l'abattement ; on ne pouvait plus travailler à la pompe que six minutes de suite, & on se jettait sur le tillac , épuisé, inondé par l'eau qui sortait des pompes ; on se relevait, on renouvellait ses efforts, & l'espérance soutenait encore ; une erreur vint l'abattre ; entre le fond extérieur & l'intérieur d'un vaisseau est un espace de 18 pouces, l'homme qui jusqu'alors avait mesuré la hauteur de l'eau l'avait prise sur le fond intérieur ; celui qui lui succéda pour le même service la prit sur le fond extérieur & annonça que l'eau avait gagné tout d'un coup de 18 pouces : à cette nouvelle terrible , on fut tenté de renoncer au travail & à ses espérances ; mais l'erreur bientôt reconnue, infpira une joie fubite qui fembla faire évanouir tout le péril ; on reprit un nouveau courage, une nouvelle activité, & à huit heures du matin les pompes fe trouverent avoir beaucoup gagné fur la voie d'eau ; on parla d'arriver à un havre, & tous ceux qui ne pompaient pas travaillerent à relever les ancres ; nous en perdimes deux dans ces rochers, mais notre fituation nous rendit infenfible à cette perte ; nous élevâmes le petit mât de hune & la vergue de mifaine, & à onze heures un vent léger s'étant fait fentir, nous mîmes à la voile & portâmes vers la terre.

Cependant il était impoffible de continuer affez le travail de la pompe pour qu'elle gagnât la voie d'eau & qu'on put l'arrêter en dedans. M. Monkoufe, officier de poupe, propofa un expédient qu'il avait pratiqué à la Virginie fur un vaiffeau marchand ; c'était ce qu'on appelle *larder la bonnette* : il piqua légérement fur une voile une grande quantité de fil de caret & de laine hachés trèsmenu & étendit par-deffus le fumier de notre bétail puis on plaça cette voile fur la quille par le moyen de quelques cordes qui la te-

naient étendue : la voie, en tirant de l'eau,
tira aussi de la voile qui se trouva près du trou,
la laine & le fil de caret qui s'y enchasserent
& pour ainsi dire, s'y conglutinerent ; la voie
d'eau fut ainsi beaucoup diminuée, une seule
pompe suffit pour en arrèter les progrès,
& nous en eûmes autant de joie que si nous
eussions touché au port ; loin de penser à se
faire échouer pour reconstruire un petit vaisseau des débris du nôtre, on ne s'occupa plus
qu'à suivre la côte de la *Nouvelle-Hollande*,
afin d'y trouver un lieu propre pour s'y radouber ; le courage ne manqua jamais à l'é-
quipage, & c'est à ce courage que nous dû-
mes notre salut.

Nous élevâmes de nouvelles voiles, & jettâmes l'ancre sur le soir, à une lieue du banc
de corail où nous avions touché ; il est en
partie à sec dans la marée basse ; on en voit
un autre plus au midi. Nous mesurâmes alors
l'eau que le vaisseau faisait par heure, & nous
trouvâmes qu'il en faisait 15 pouces ; ce qui
n'annonçait pas un danger si prochain : le
13, dès le matin, nous remîmes à la voile &
passâmes près de deux petites isles que nous
avions appellées *Hops - Island*, Isle de l'espérance,

rance, parce qu'alors tout notre espoir aurait
été d'y aborder. Dans l'après-midi nous vîmes une ouverture qui avait l'apparence d'un
havre, & nos bateaux l'allerent visiter tandis
que nous louvoyions; ils n'y trouverent pas
l'eau assez profonde pour le vaisseau : la nuit
vint & il nous fallut jetter l'ancre : la pinasse
continua cependant ses recherches & trouva
deux lieues plus loin un havre très-commode:
nous nous en approchâmes le lendemain; la
route était semée de bas-fonds que nous fûmes assez heureux pour éviter; mais dans
ce moment le vent s'éleva , le vaisseau ne
pouvait plus manœuvrer , & il fallut se hâter
de le traîner dans un abri avec les bateaux :
en attendant on jetta l'ancre, on visita exactement le havre ; je le trouvai petit, mais
plus propre à la situation où nous nous trouvions qu'aucun de ceux que nous eussions
vus encore : le vent était trop fort pour lever
l'ancre, & pour qu'il fatiguât moins le vaisseau, nous abattîmes & désagreâmes tout ce
qui pouvait l'être pour en alléger l'avant,
où nous pensions que la voie d'eau devait
être , & nous n'oubliâmes pas que notre
conservation ne tenait qu'à un bouchon de

laine : le 16, le vent se calma un peu ; nous voulûmes mettre à la voile & ne le pûmes pas ; le vent continua ; s'il se fut élevé dans le tems que nous étions échoués, il nous aurait mis en pieces : nous nous hazardâmes enfin le 17, & nous approchâmes du havre ; mais dans la route le vaisseau toucha deux fois, & nous eûmes beaucoup de peine à le faire flotter à la seconde. Enfin, nous le conduisîmes dans le havre, nous l'amarrâmes à une grève escarpée, & avant la nuit les cables, les ancres, les ansieres furent à terre. Nous avions d'autres raisons pour désirer d'y être ; le scorbut faisait de grands progrès parmi nous, & Tupia avait déjà des boutons livides sur les jambes : nous espérions trouver là quelques rafraichissemens ; du moins nous étions certains que le pays était habité, car nous avions vu des habitans allumer du feu sur la côte.

Les bords du havre étaient si escarpés que le vaisseau flottait à 20 pieds du rivage : nous fîmes un pont de l'un à l'autre, & élevâmes une tente pour nos malades, une pour nos provisions. Je grimpai sur une colline pour voir l'aspect du pays ; près de la riviere le fol était bas , inondé d'eau falée , & couvert de paletuviers ; par-tout ailleurs il me parut pierreux & ftérile. M. Banks rencontra dans une promenade des reftes de huttes indiennes : il traverfa la riviere , & n'y trouva que des collines de fable , & quelques cabanes habitées depuis peu ; il n'y vit que des vols de très-beaux pigeons & de corneilles très - fauvages : il re-marqua beaucoup de pierres-ponces en différen-tes parties du golfe , où elles avaient été por-tées par les inondations ou les marées , qui s'y élevent ordinairement de 8 pieds. Pen-dant les premiers jours , nous travaillâmes avec vigueur à vuider le vaiffeau & à l'ap-procher le plus près qu'il était poffible du rivage fans l'échouer ; nous découvrimes la voie d'eau ; les rochers l'avaient faite à tra-vers quatre bordages, on n'y voyait aucun éclat de bois, & tout y était coupé auffi net qu'avec un inftrument : deux circonftances nous avaient confervés ; l'une que les couples étaient très-bien jointes dans cette partie du vaiffeau, l'autre que l'ouverture, affez large pour nous faire couler à fond quand même nous aurions eu huit pompes en mouvement , avait été bouchée en partie par un morceau du roc qui y était resté engagé, de forte qu'il n'y rentrait de l'eau qu'entre la pierre & la planche : plusieurs parties du vaisseau se trouverent brisées ou délabrées ; les forgerons, les charpentiers se mirent au travail pour le reparer ; quelques matelots furent envoyés à la chasse, afin d'avoir de la viande fraîche pour les malades ; ils virent des cabanes d'Indiens, un courant d'eau douce & un quadrupède de la grandeur du lévrier, couleur de souris, extrêmement agile, ayant des jambes minces, une longue queue, sautant comme le lièvre ou le daim ; l'un d'eux crut avoir vu le diable décoré de cornes & d'aîles ; ce n'était qu'une chauve-souris que son imagination effrayée avait grossie ; il est vrai qu'elles sont ici de la grosseur d'une perdrix & absolument noires.. On trouva aussi quelques choux palmistes ; des fruits du plane sauvage d'assez bon goût, mais remplis de pierres ; des feuilles d'une plante que nous crûmes la même que celle qu'on nomme cocos en Amérique : sa racine était trop âcre pour pouvoir être mangée, mais la feuille égalait presque l'épinard par son goût ; enfin un fruit de la grosseur de la pomme d'amour, plus plat & d'une

couleur de pourpre foncé : détaché de l'arbre, il était dur & acerbe ; gardé quelques
jours, il s'amollit & prit une faveur agréable.

Le vaisseau avait été réparé aussi bien qu'il
pouvait l'être dans les circonstances où nous
nous trouvions ; nous le calfatâmes, nous
remplîmes nos futailles, raccommodâmes nos
agrèts, & nous essayâmes de le mettre à
flot en attachant autour de lui un grand
nombre de tonneaux ; mais nous le tentâmes
en vain ; il fallut attendre le tems des grandes marées : elles vinrent, & nous fîmes de
nouveaux efforts qui réussirent ; mais pour
avoir resté trop long - tems la proue sur la
terre & la poupe à flot, il s'y était fait une
nouvelle voie d'eau, & il fallut le ramener
à terre ; on visita sa quille, on y trouva des
bandes gâtées ; tous ces dommages n'étaient
cependant pas considérables & on en répara
quelques-uns. Pendant ces opérations, les uns
cherchaient un canal pour conduire le vaisseau au travers d'une multitude de brisans &
de bas-fonds qui s'étendaient jusqu'à une grande
distance ; les autres visitaient le pays, pour
y trouver des rafraîchissemens ou de nouveaux

objets de connaissances : les premiers trouverent un passage entre des rochers de corail,
sur lesquels ils avaient pris de si gros petoncles que deux hommes n'auraient pu en
manger un : ils rapporterent beaucoup d'autres coquillages , & virent des Indiens qui
s'enfuirent en les appercevant : les autres
rapporterent des racines de cocos que Tupia
rendait meilleures en les cuisant dans un
four à la maniere de son pays, des oiseaux,
différens herbages qui , bouillis avec des pois,
devenaient un mêts fort agréable; on faisait
une pêche abondante qui seule pouvait nourrir l'équipage ; on remarqua des animaux semblables au chien & couleur de paille ; on
trouva même une noix de cocos remplie de
bernacles ; sans doute elle venait de quelque
isle plus à l'orient & peut-être de la terre
del Espirito santo de Quiros, dans la latitude
de laquelle nous étions. M. Banks traversa
dans l'autre partie du havre, & le long d'un
rivage sablonneux il trouva un nombre pro-
digieux de fruits que ne produisaient point
les plantes découvertes jusqu'alors , & même
des noix de cocos qui avaient été ouvertes
par une espece de crabes : toutes ces subs-

tances végétales étaient incruftées de plantes
marines & couvertes de bernacles, figne certain qu'elles venaient de loin & peut-être
de la terre découverte par Quiros. Il remonta
la riviere avec un petit bateau pour examiner le pays dans un efpace de 3 lieues : il
trouva un terrein marécageux couvert de paletuviers : au-delà il était pierreux & ftérile,
le canal fe refferre enfuite, bordé par un fol
efcarpé , ombragé de beaux arbres, parmi lefquels était l'arbre de quinquina (*Hibifcus
tiliaceus*) : ce fol au loin paraiffait bas &
fertile, revêtu d'une herbe épaiffe & longue ;
il y vit des animaux femblables au loup ; les
mofquites le pourfuivirent jufqu'au milieu de
la fumée dont il s'environna fur le foir pour y
paffer la nuit avec ceux qui l'accompagnaient ;
ils la pafferent à veiller , & à défirer le retour
de la lumiere : dès le matin ils chafferent ; ils
revirent de ces animaux agiles, lefquels fautaient
avec facilité fur l'herbe épaiffe qui arrêtaient
les pas du chien ; cet animal faute fur les deux
pieds de derriere comme le *Jerbua* ou *Mus
jaculus* : en remontant plus avant , la riviere
ne devint plus qu'un ruiffeau d'eau douce,
mais où la marée remontait encore : fur le foir,

R 4

M. Banks vit de la fumée à 300 pas de lui, & il efpéra pouvoir faire connaiffance avec les naturels du pays : mais avant d'arriver au feu , les Indiens les découvrirent & difparurent : le feu brulait dans le creux d'un arbre pourri : à peu de diftance ils virent les traces des pas des Indiens, des maifons, des fours creufés en terre , des débris de coquillages & des racines; ils revinrent au lieu où ils voulaient paffer la nuit: c'était un large monceau de fable ombragé par un buiffon , fur lequel ils étendirent des feuilles de plane; des paquets d'herbes furent leur couffin ; leurs manteaux fervirent de couverture ; ils n'apperçurent pas de mofquites, & ils dormirent profondément , fans penfer qu'ils étaient expofés aux armes des Indiens ou à d'autres périls : le lendemain , aidé de la marée , ils revinrent au vaiffeau , dans le moment où nous nous étions affurés que le paffage découvert n'était pas praticable ; & tout l'avantage qu'on retira de cette vifite des bancs qui nous environnaient , fut d'y trouver des tortues.

Enfin nous réufsimes à parler aux habitans du pays : quatre d'entr'eux dans une pirogue

harponner du poisson sur la côte septentrionale de la riviere : convaincu par expérience
que les approcher c'était les faire fuir, j'or-
donnai qu'on parut ne pas faire attention à
eux, & l'expédient réussit ; deux d'entr'eux
vinrent près de nous dans la pirogue & nous
parlerent long-tems d'un ton de voix élevé
sans que nous pussions les comprendre, nous
leur répondîmes par des cris & des signes
d'amitié ; ils s'approcherent, tenant leurs lances pour nous montrer qu'ils pouvaient se
défendre ; nous leur fîmes des présens d'étoffes, de papier, de clous, de verroteries ;
mais ils ne firent attention qu'à un petit
poisson que nous leur donnâmes : alors ils
allerent chercher leurs compagnons qui vinrent sans crainte & sans défiance ; chacun
d'eux était armé de deux javelines & d'un
bâton ; nous restâmes ensemble avec cordia-
lité ; mais lorsque nous prîmes notre repas,
ils refuserent de le faire avec nous, & s'en
retournerent dans leur pirogue : leur taille
était ordinaire, leurs membres petits, leur
peau couleur de suie ou de chocolat foncé,
leurs cheveux noirs, point laineux, & coupés courts, les uns lisses, les autres bouclés ;

ils avaient toutes leurs dents, contre la remarque de Dampierre ; elles étaient blanches &
unies, leurs yeux étaient vifs & les traits de
leur visage agréables ; quelques parties de
leur corps font peintes en rouge, d'autres
rayées de blanc ; leur voix était harmo-
nieufe, & ils repétaient plufieurs mots avec
facilité : ils revinrent le lendemain avec un
nouveau venu qui avait le cartilage du nez
percé & enfilé d'un gros os d'oifeau ; je donnai à l'un d'eux un morceau de vieille chemife, dont il fe fit une efpece de turban ;
ils nous donnerent un poiffon, & paraiffaient
contens de refter avec nous ; mais voyant
quelques-uns de nos officiers examiner leur
pirogue avec attention, ils s'en allarmerent,
fe jetterent dedans, & s'enfuirent à force de
rames fans nous dire un feul mot : ils revinrent cependant, & nous vécumes en bonne
intelligence avec eux. Nous menions alors
une vie affez agréable, nous avions des alimens fains, du gibier & du poiffon, nous
nous promenions, nous faifions de nouvelles
découvertes ; du haut d'une colline je découvris le pays fort au loin, il me parut entrecoupé de collines & de plaines, en plufieurs

endroits il était couvert de bois ; nous tuâmes
un de ces animaux fautillans qui reſſemblent
au *Gerbo* dont ils different principalement par
la grandeur ; celui-ci égale celle d'un mouton ; ſa tète, ſon col, ſes épaules ſont
petites en proportion des autres parties du
corps, ſes jambes de devant n'ont que huit
pouces de long, celles de derriere en ont
vingt-deux ; ſa queue auſſi longue que ſon
corps eſt épaiſſe à ſa naiſſance, pointue à ſon
extrèmité ; il marche par ſauts & par bonds,
tenant ſa tète droite ; ſes pas ſont longs ; ſes
jambes de devant repliées ordinairement contre la poitrine, ne paraiſſent lui ſervir que pour
creuſer la terre ; ſa peau eſt couverte d'un
poil court couleur de ſouris, ſa tète & ſes
oreilles reſſemblent davantage au lièvre : les
Indiens le nommaient *kanguroo*.

Nous allâmes auſſi viſiter les habitans du
pays. Tupia qui avait été au-delà de la riviere, mangea avec eux une racine d'un goût
agréable. A peine débarquions-nous ſur le
rivage que nous en vîmes quatre dans une pirogue qui venaient nous joindre ; deux d'entr'eux
avaient des colliers de coquillages qu'ils ne
voulurent jamais nous vendre ; lorſqu'ils ſe

retirerent nous voulûmes les fuivre, mais ils nous témoignerent que nous leur ferions de la peine, & nous les laiffames aller. Un jour ils vinrent au nombre de dix ; avant d'approcher, ils poferent leurs armes qu'ils firent garder par l'un d'entr'eux, & monterent fur le vaiffeau ; ils voulaient fe procurer une des tortues que nous avions prifes & qui leur faifait envie ; ils nous la demanderent ; nous la refufames ; ils furent indignés & effayerent de l'enlever de force ; mais nous la défendimes & elle nous refta. Tranfportés de colere, ils traverfent la riviere & mettent le feu à l'herbe feche autour des inftrumens que nous avions à terre, elle s'enflamma avec rapidité : Mr. Banks fauva à peine fa tente de l'incendie ; un de nos cochons y fut brulé, la forge confumée, & il aurait confumé de même des filets & des toiles que nos gens avaient lavées & étendues, fi nous n'avions réuffi à arrèter les progrès du feu, & à éloigner les incendiaires en tirant fur eux un fufil chargé à petit plomb. Les bois les déroberent à notre vue, puis ils revinrent & nous allames audevant d'eux ; un vieillard s'avança & nous fit une harangue, puis ils fe retirerent de nou-

veau ; nous les fuivîmes quelque tems, après
nous être faifis de quelques-uns de leurs dards,
& nous nous afsîmes fur des rochers ; ils
s'affirent auffi à quelque diftance ; & le vieillard s'avança vers nous, portant une javeline
fans pointe ; à tout ce qu'il nous dit & que
nous ne pûmes comprendre, nous ne répon-
dimes que par des fignes d'amitié : le vieillard
retoûrna vers eux, tous poferent leurs armes,
& vinrent à nous d'un air pacifique. Nous leur
rendimes leurs armes, & la reconciliation fut
achevée : ils revinrent avec nous jufques près
du vaiffeau, fur lequel ils ne voulurent pas
monter ; ils nous promirent de ne plus mettre le feu à l'herbe, s'affirent, puis nous quitterent. Cependant les fuites de l'incendie nous
montraient la nuit le fpectacle le plus affreux
& le plus magnifique ; le feu avait pris aux
arbres, il s'étendait dans la forèt, & toutes
les collines autour de nous dans un efpace
de plufieurs milles étaient en feu. Les habitans ne parurent point les jours fuivans : un
de nos gens en rencontra tout-à-coup quatre
qui faifaient griller un oifeau & un quartier
de *kanguroo* : quoiqu'effrayé, il ne voulut
pas prendre la fuite ; il s'affit gaiement avec

eux, leur offrit fon couteau qu'ils examinerent & le lui rendirent ; il léur fit figne qu'il
allait les quitter, mais ils ne le voulurent
pas ; ils examinerent fes habits, lui tâterent
les mains & le vifage, pour s'affurer que fon
corps était comme le leur, puis lui permirent de fe retirer & lui montrerent fon chemin. M. Banks avait trouvé en tas toutes les
étoffes que nous leur avions données, fans
doute parce qu'elles leur étaient inutiles.

Pendant que ceci fe paffait, je faifais chercher partout un paffage ; monté fur une colline, nos regards erraient autour de nous dans
l'efpérance de gagner la haute mer, & de quelque côté que nous tournaffions les yeux ;
nous ne voyions que des rochers & des bancs
de fable fans nombre, & point de paffage
que par les finuofités dangereufes, qu'ils forment ; mais il n'y en avait pas d'autres, &
le beau tems, le calme le rendant feul poffible, il nous fallut l'attendre. Nous nous
nourriffions de notre pêche : parmi les poiffons que nous prîmes était une tortue dans
laquelle nous trouvâmes entre les deux épaules un harpon de bois gros comme le doigt,
long de 15 pouces, & dont la pointe était

barbelée, comme nous en avions vu entre les mains des habitans du pays : nous cherchâmes en vain ce légume auquel on donne le nom de *chou-caraïbe* : en parcourant une vallée profonde dont les côtés couverts d'arbres & de buiſſons étaient preſque perpendiculaires, nous trouvâmes à terre pluſieurs noix anacardes (*anacardium orientale*), ce qui nous fit chercher l'arbre qui les produit ; mais après nous être épuiſés de fatigue, il nous fallut y renoncer, & nous n'avons pu l'y trouver. M. Banks prit un animal de la claſſe des *opoſſums* ; c'était une femelle qui avait deux petits ; il reſſemblait au phalanger de M. de Buffon, mais n'était pas le même : il avait avec cet animal quelque analogie, ſur-tout par la conformation extraordinaire de ſes pieds qui le diſtingue de tout autre quadrupède.

Le 29 Juillet, le calme ſurvint ; nous nous diſpoſâmes à partir, mais la marée baiſſait ; la barre qui bouchait le golfe ne ſe trouva avoir que 13 pieds d'eau, & notre vaiſſeau en prenait 13 & demi, puis le vent ſe releva, & il fallut prendre encore patience : nous occupâmes notre oiſiveté forcée avec le filet &

la ligne, nous vifitâmes nos pompes qui fe trouverent en très-mauvais état; heureufement que notre vaiffeau avait été affez bien reparé: le 3, nous fîmes un effort inutile pour nous éloigner; le lendemain nous fûmes plus heureux, & nous fortimes ayant devant nous la pinaffe qui fondait continuellement: quand nous fûmes à 5 lieues du havre, nous jettâmes l'ancre pour avoir le tems d'examiner les bas-fonds à la marée baffe.

Nous donnâmes à la riviere que nous venions de quitter, le nom de notre vaiffeau: elle forme le havre ou crique qui s'enfonce à 3 ou 4 lieues dans un canal tortueux qui reçoit un ruiffeau d'eau douce: à un mille de la barre, l'eau n'eft pas affez profonde pour un vaiffeau: un de fes bords très-efcarpé le rend très-commode pour mettre un navire fur le côté; l'endroit le plus fûr pour en approcher eft au midi: au nord il y a une lieue de grève baffe & fablonneufe, mais au midi eft une terre élevée; le meilleur rafraîchiffement qu'on y peut trouver eft la tortue, & il faut l'aller prendre loin dans la mer; il y a beaucoup de poiffons: outre les végétaux dont j'ai parlé, on y trouve du pourpier &

une

une espece de feves à tiges rampantes qui nous furent utiles contre le scorbut. Nous avons parlé du kanguroo & de l'opossum; il y a encore une espece de putois, des loups, des chiens, plusieurs sortes de serpens, dont quelques-uns sont vénimeux; une grande variété d'oiseaux: tels sont les milans, les faucons, deux sortes de catatouas, des loriots, des perroquets, deux ou trois sortes de pigeons, plusieurs especes de petits oiseaux: les hérons, les canards sifflans, les oies sauvages, les corlieux sont les principaux oiseaux aquatiques. Nous avons parlé de l'aspect du pays; ajoutons qu'on y trouve un grand nombre de nids de fourmis blanches, dont quelques-uns ont huit pieds de haut & 16 de circonférence. Les arbres y sont peu variés; le plus commun est le paletuvier: un grand nombre de ruisseaux s'y rendent dans la mer.

La marée basse arriva, & de la grande hune j'examinai les bancs & les rocs qui me présenterent un aspect très-menaçant; c'est vers le nord-ouest qu'ils offraient un passage moins dangereux, & c'est là que je résolus de tenter de sortir de cet amas d'é-

cueils : en attendant le moment de lever l'ancre, nous faisions une pêche abondante ; mais
quand la marée était favorable, le vent fut
trop fort, & il fallût attendre qu'il se calmât.
Nous levâmes l'ancre, & nous avançâmes en
louvoyant : il fallut encore le jetter, parce
que nous avions devant nous un banc de rocs
qui n'avait que quatre pieds d'eau ; nous
cherchâmes en vain de l'œil un passage pour
arriver au-delà, rien ne s'offrit qu'une multitude d'écueils détachés, terminés par d'autres
ou la mer brisait avec violence, ce qui me
fit croire qu'ils étaient les derniers qu'on trouverait en gagnant la haute mer ; car dans l'intérieur, la mer ne brisait pas, & par-là les
écueils n'en étaient que plus dangereux : on
me conseillait de reprendre la route par laquelle nous étions venus dans le golfe, mais
le vent ne le permettait pas ; il se renforça
même, & nous fit chasser sur nos ancres : pour
empêcher qu'il ne nous jettât sur les rocs
qui nous environnaient, il nous fallut abattre nos mats de perroquets, nos vergues,
nos huniers. Ce ne fut que le 10 Août que
le vent s'affaiblit ; nous avançâmes d'une lieue
vers la terre, toujours précédés d'un bateau ;

puis nous tournâmes plus au nord, & arrivâmes
entre trois petites isles & une autre plus
basse qui était entre nous & la terre; les
écueils formaient comme une chaine qui sui-
vait le rivage & laissait entre lui & eux
un passage : près d'un cap que nous nommâmes *Flattery*, nous crûmes voir une ouverture pour sortir de cette situation dangereuse ; nous avançâmes quelque tems, & découvrîmes bientôt une chaine de rocs qui
s'étendait devant nous ; elle semblait se joindre à la terre, mais cette terre ne me parut
qu'un amas d'isles ; avant de nous être assurés
si nous pouvions espérer d'y trouver un passage, il fallut venir jetter l'ancre à un mille de
la côte, & je débarquai pour voir du haut
d'une pointe élevée que je nommai *Look-Out*,
dominant au loin sur une terre basse, couverte de sable blanc & de buissons verts :
j'y vis des pas d'hommes, mais rien qui put
nous tirer de l'incertitude cruelle où nous
étions : des isles, des bancs, c'est tout ce qui
s'offrit dans un espace de dix lieues, & l'air
n'était pas assez pur pour me permettre de
voir au-delà : je résolus d'aller sur une isle
élevée qui était à 5 lieues au loin dans la

mer; je m'y rendis avec M. Banks, & j'en‑
voyai vifiter un autre paffage entre la terre
& quelques isles baffes. Nous y gravîmes la
colline la plus élevée, agités tour à tour par
l'efpérance & par la crainte : de là nous décou‑
vrîmes à deux ou trois lieues une chaine de
rocs, coupée en divers endroits, & contre la
quelle la mer brifait avec violence : au-delà,
difais-je, il n'y a donc plus de brifans qui
rompent l'impétuofité des vagues; mais com‑
ment fortir de l'enceinte de ces brifans? Le
ciel était obfcur & ne me permettait pas de
voir diftinctement & au loin, & nous réfo‑
lûmes de paffer la nuit dans cette isle, dans
l'efpérance que le lendemain le ciel ferait plus
ferein : un buiffon qui était fur la grève nous
fervit d'abri : dès les 3 heures j'envoyai fon‑
der le canal entre la chaine de rocs & l'isle
où nous étions, & je montai fur la colline;
mais le tems était encore plus obfcur qu'il
n'avait été la veille : la fonde annonça un
fond fuffifant jufqu'aux rochers; on y vit un
paffage ou le vent ne permit pas de s'engager
& qui parut étroit; ce rapport me donna quel‑
que efpérance. L'isle où nous étions a 8 lieues
de tour : en général elle eft ftérile & rocail‑

leuſe; elle a cependant des terres baſſes couvertes d'une herbe longue clair-ſemée, & de
quelques arbres : là ſe tiennent de très-gros
lézards, ce qui nous fit donner leur nom à
cette isle. On y trouve de l'eau douce dans
un étang : les Indiens la viſitent , & nous y
trouvâmes des morceaux de coquillages dont
ils s'étaient nourris, & des huttes bâties ſur
des hauteurs , tandis que ſur la terre - ferme
elles ſont dans des lieux moins expoſés au
vent ; ce qui nous perſuada qu'il y avait un
tems où l'on jouit conſtamment dans ces climats d'un ciel pur & d'une mer calme. M.
Banks trouva ici quelques plantes nouvelles :
il y a à quelque diſtance de celle-ci, d'autres
isles, mais plus petites. En retournant au vaiſſeau, nous deſcendimes ſur une isle baſſe ,
ſablonneuſe & couverte d'arbres , habitée par
un nombre incroyable d'oiſeaux ; nous y prîmes le nid d'un aigle & le celui d'un oiſeau inconnu , conſtruit ſur la terre avec des morceaux
de bois ; il avait 26 pieds de circonférence
& deux pieds huit pouces de hauteur : des
monceaux de coquillages atteſtaient que cette
isle n'était pas non plus inconnue aux Indiens,
& nous lui donnâmes le nom de l'*Aigle*. J'ap-

pris en arrivant qu'on avait découvert un canal fort étroit le long de la grande terre, refferré par des isles où on avait trouvé de la chair fraiche, & des terres fraichement remuées qui paraiffaient être des tombeaux; après avoir examiné ce qu'il nous convenait de faire, nous crûmes que la faifon, le défaut de provifions, une fûreté plus grande nous obligeaient à tenter le paffage vers l'isle des *Lezards:* nous nous y dirigeâmes, & après avoir fait fonder le canal étroit qu'on avait découvert dans la chaine des rocs, nous l'enfilâmes, & bientôt nous nous trouvâmes dans une mer libre & fans fond. La joie fe manifefta fur tous les vifages: depuis trois mois nous étions environnés d'écueils, contre lefquels une ancre trop faible, un cable brifé, un vent trop fort, une houle élevée pouvaient à chaque inftant nous brifer: nous avions fait 160 lieues, obligés d'avoir dans tous les inftans la fonde à la main; & nous trouvant tout-à-coup dans une mer ouverte & une eau profonde, il nous femblait que nous n'avions plus de danger à craindre; cependant de longues lames fecouaient notre vaiffeau & lui faifaient faire 9 pouces d'eau par heure; nos pompes étaient mauvaifes & il nous reftait encore une vafte mer à traverfer.

L'isle des *Lezards* eft peut-être le meilleur endroit de la côte pour trouver des rafraî-chiffemens ; on y trouve de l'eau, du bois à bruler ; les isles baffes, les bancs qui l'environnent abondent en tortues & en poiffons ; nous trouvâmes fur le rivage des bambous, des cocos & autres productions qui ne font pas naturelles au pays & que le vent y amène du levant.

Bientôt continuant notre route, nous ne découvrimes plus de terre ; nous ne la revîmes que le foir du lendemain, & c'était fans doute la continuation de la côte que nous avions fuivie fi longtems ; de nouveaux bri-fans nous environnerent ; nous nous en éloi-gnâmes, & le lendemin nous nous y retrou-vâmes encore ; la vague nous y portait & nous n'avions point de fond pour jetter l'ancre, ni de vent pour cingler au-delà ; toute notre reffource fut de nous faire traîner par nos bateaux pour différer au moins notre perte ; malgré nos efforts, nous n'étions encore qu'à cent verges du rocher fur lequel la même lame qui battait le flanc du vaiffeau, brifait

S 4

à une hauteur effrayante, & nous n'étions, séparés du naufrage que par une épouvantable vallée d'eau d'une largeur égale à la base d'une vague : nous étions perdus, malgré nos efforts, fi un vent léger ne s'était élevé : fon fecours joint à celui des bateaux, nous éloigna un peu des rochers; mais l'inftant après le vent tomba & nous revînmes fur l'écueil; un faible fouffle fe fit appercevoir pendant dix minutes encore & il nous fuffit pour arriver devant une ouverture dans le rocher, large de la longueur du vaiffeau, au-dedans de laquelle la mer était calme ; nous ne, balançâmes pas à tenter de la traverfer : nous y arrivâmes ; mais comme alors la mer fe retirait, le courant du reflux qui paffait. par la coupure, ne nous permit plus d'y paffer, & nous rejetta, aidés de nos bateaux, à un quart de mille de là. Le reflux ceffa fans que le calme nous permit de nous éloigner, & le flot vint de nouveau, nous rejetter fur le rocher : dans cet inftant nous y découvrîmes une autre ouverture, & pendant que nous luttions contre le flot, je l'envoyai vifiter; on trouva la coupure étroite & périlleufe, mais le paffage poffible ; il fallait tenter l'entreprife ou périr ; nous y entrâmes pouffés par le flot , le vent & un courant rapide ; nous y jettâmes l'ancre fur un fond de 17 braffes mêlé de corail & de coquilles , & nous nous crûmes heureux d'être rentrés dans la même fituation d'où nous étions fortis avec tant de joie ; je réfolus même de naviger dans l'efpace qu'ils occupaient , parce que c'était le moyen de découvrir fi le pays dont nous fuivions la côte était joint à la Nouvelle Guinée ; découverte qui me paraiffait intéref-fante : nous avions à braver des écueils inconnus , formés de rocher de corail qui s'é-,levent perpendiculairement, n'ayant point de fond à leur pied, couverts dans la marée, & contre lefquels brifent les lames énormes du vafte Océan méridional. Pendant que nous étions à l'ancre , nous envoyâmes chercher fur ces rochers des poiffons à coquille, parmi lefquels il y avait des pétoncles que deux hommes pouvaient remuer à peine : M. Banks y trouva des coquillages curieux, des *Molufca*, & des coraux dont le plus remarquable était le *Tubipora Mufica :* la terre était à 9 lieues de nous; & le lendemain nous mîmes à la voile, deux bateaux nous précédaient; nous paffà-

mes devant une isle baffe & fablonneufe, &
évitant les bancs qui s'offraient à nous, nous
vinmes jetter l'ancre à quelque diftance de
trois isles que nous nommames *isles de Forbes*,
éloignée de 5 lieues de la terre qui eft baffe
& fablonneufe vers le couchant, montueufe
au midi : le lendemain, apres une route in-
terrompue par les écueils, nous vinmes dans
un beau canal qui nous conduifit à une isle
éloignée de la terre de moins de 3 lieues ;
elle en a une de tour, & nous y vîmes quelques hommes armés de lances ; de là nous
voyions autour de nous une multitude de petites isles & de rochers ; mais nous commen-
cions à nous familiarifer avec eux ; le vent
ne nous permit pas de prendre les tortues
que nous y découvrions : la grande terre
nous paraiffait baffe & ftérile, couverte de
gros monceaux de fable blanc ; elle forme une
pointe que nous nommâmes *cap Greenville* :
à 9 lieues plus au levant font des isles élevées, auxquelles je donnai le nom de *Sir
Charles Hardy* : d'autres reçurent celui de
Cockburn ; plus au nord, nous apperçûmes
des isles baffes vers lefquelles nous nous di-
rigeames, & que le grand nombre d'oifeaux

qui les couvraient nous firent appeller *Bird-Isles*. Le 20, des bancs & des rochers que nous vîmes tout-à-coup me firent plier les voiles jufqu'à ce qu'on y eut découvert un paffage : près d'eux était une petite isle garnie de quelques arbres , & fur laquelle nous vîmes quelques huttes d'Indiens ; derriere il y en avait un grand nombre ; nous navigeâmes lentement entr'elles, & découvrîmes devant nous une grande terre ; en cinglant vers elle, nous perdimes de vue les bancs, les rochers & les isles ; nous nous apperçûmes le lendemain que la terre que nous avions vue au nord & que nous croyions la continuation de celle dont nous avions jufqu'alors fuivi les côtes, en était féparée par un détroit que nous pouvions traverfer ; nous y cinglâmes , mais toujours en nous faifant précéder par des bateaux pour éviter les écueils : le canal entre les deux terres avait un mille de large ; nous y parvinmes & vîmes que la terre fituée au nord n'était que diverfes isles affez voifines les unes des autres. La pointe la plus feptentrionale du pays que nous venions de parcourir, reçut le nom de *Cap York* : fa longitude eft de 160 deg. 6 min. fa latitude méridionale 10 d. 37 m.; auprès font de petites isles baffes; la terre elle - même eft plate, baffe & fablonneufe: la partie feptentrionale du cap eft montueufe, les vallées y offrent de beaux bois, la côte de petites baies: toutes les isles qui font au levant furent appellées *Isles d'York*. Après les avoir depaffées, nous découvrîmes la terre devant nous, nous crûmes d'abord qu'il nous faudrait retourner en arriere; mais en l'approchant, nous reconnûmes que différens canaux féparaient cette nouvelle terre de celle que nous fuivions; nous jettâmes l'ancre dans le plus grand, qui s'élargit au-delà de fon entrée, & devant nous il ne nous offrit qu'une mer ouverte. Aurions-nous enfin trouvé un paffage pour la mer des Indes? difions-nous. Pour nous en affurer, nous réfolûmes de débarquer dans l'isle qui était au fud-eft du canal; nous y voyions dix Indiens fur une colline, nous allâmes vers eux: neuf avaient des lances, le dixieme était armé d'un arc & d'un paquet de flèches; trois vinrent fur la grève où nous allions débarquer, puis ils fe retirerent tranquillement. Nous gravîmes fur la plus haute colline qui était d'une ftérilité affreufe.

Du sommet, nous ne, vîmes point de terre entre le midi & le couchant : vers le nord on découvrait un grand nombre d'isles élevées, & rangées les unes derriere les autres. Tout nous persuada que nous étions parvenus à la mer des Indes, & avant de quitter ce pays, je lui imposai le nom de *Nouvelle Galle méridionale*; j'en pris possession en y arborant le pavillon Anglais, & le bruit de l'artillerie rendit cet acte plus solemnel. L'isle où nous étions prit le nom de *Possession*; elle n'est ni haute, ni étendue; nous nous rembarquâmes ensuite : de nôtre vaisseau nous apperçûmes de la fumée s'élever de la terre & des isles voisines, & des femmes nues cherchant des poissons à coquilles. Nous mîmes à la voile & découvrîmes quelques isles basses, auxquelles nous donnâmes le nom de *Wallis* : des bas-fonds nous forcerent encore à jeter l'ancre, & j'envoyai sonder : on trouva un passage : au nord était une chaine d'isles. Nous mîmes à la voile & descendîmes, M. Banks & moi, dans celle qui était près de nous : c'était un rocher stérile fréquenté par des oiseaux semblables à des boubies, & dont la fiente l'avait blanchie presqu'entierement: il y avait quelques bouquets

de bois; nous l'appellâmes *Isle Booby*. Reve-
nus au vaisseau, le vent s'éleva, & la houle
qui venait du sud-ouest, nous assura plus encore que nous étions au couchant de la Nouvelle Galle méridionale, & que nous avions
devant nous une mer ouverte; il était donc
prouvé que le pays qu'on appellait *Nouvelle
Hollande*, était une vaste isle séparée de la
Nouvelle Guinée. Au nord - ouest était un
groupe d'isles de hauteur & d'étendue diverses, qui paraissaient couvertes de plantes, de
bois & avoir des habitans; nous les appellâmes *Isles du prince de Galle*; sans doute
qu'elles s'étendent jusqu'à la Nouvelle Guinée. Nous donnâmes au détroit le nom du
du vaisseau avec lequel nous l'avions découvert.

La Nouvelle Galle méridionale est la plus
grande isle connue: sa longueur en ligne droite
est de 675 lieues, & sa surface en quarré doit
être plus grande que l'Europe entiere; les terreins élevés paraissent n'en faire qu'une petite
partie; elle offre un mélange de fertilité &
de stérilité; c'est au nord qu'il y a le plus de
rochers, c'est dans la partie méridionale que
l'herbe est plus épaisse & les arbres plus grands:
ceux-ci sont ordinairement à 40 pieds de dis-

tance les uns des autres, & l'intérieur ne paraît pas mieux boifé; les terreins marécageux, inondés par les marées, font hériffés de paletuviers; loin de la mer les terreins humides produifent une herbe abondante, & des brouffailles revètent les vallées; la plus grande partie du fol n'eft pas fufceptible d'une culture réguliere ; on n'y trouve pas de grandes rivieres, mais beaucoup de petites & de ruiffeaux : la furface du pays eft entrecoupée de criques falées; nous y avons vu deux petits lacs d'eau douce dans des bois : il n'y a que deux fortes de bois de charpente; du plus grand qui croît par - tout le pays, diftille une gomme ou réfine d'un rouge foncé, femblable au *fang de dragon*, & qui, peut-être, en eft un; fes feuilles font femblables à celles du faule : l'autre reffemble à nos pins : le bois des deux eft dur & pefant : il y a un arbre couvert d'une écorce douce qu'il eft facile de peler, on fe fert de cette écorce dans les Indes orientales pour calfater les vaiffeaux. Nous y trouvâmes trois fortes de palmiers; le plus abondant a les feuilles pliffées comme un éventail : fon chou eft petit, d'une douceur exquife; fes noix font bonnes pour les co-

chons : un autre, semblable au chou palmiste
d'Amérique, a des feuilles ailées & grandes
comme celles du cocotier ; son chou plus
gros n'est pas si bon : le tronc du troisieme
qu'on ne trouve qu'au nord, n'a que dix
pieds de haut; ses feuilles petites, ailées,
ressemblent à celles de fougère ; il ne produit
pas de choux, mais des noix de la grosseur
d'un maron, qui agirent sur nous comme un
émétique, & rendirent malades les cochons qui
en mangerent; la pulpe séchée peut être saine
& nourrissante : on y trouve un grand nombre de petits arbres & de buissons inconnus en
Europe; l'un porte de mauvaises figues, l'autre des prunes applaties sur les côtés, un troisieme une pomme couleur de pourpre, bonne
quand elle est gardée quelques jours: Nous y
découvrîmes une variété infinie de plantes inconnues, mais peu sont bonnes à manger : on
y remarqua une plante à feuilles longues, étroites, épaisses, semblables à la *queue de chat*,
laquelle distille une résine d'un jaune brillant
qui ressemble à la gomme gut, mais ne tache pas
comme elle ; l'odeur qu'elle exhale est douce:
nous avons déjà parlé de quelques autres plantes ; ajoutons-y une espece de persil, deux

especes

especes d'ignames douces, mais petites, dont nous n'avons pu trouver la plante entiere. Nous avons trouvé dans les bois un fruit de la couleur & de la forme de la cerise, qui a peu de saveur, dont le goût est aigrelet & agréable, & le noyau mou : & un autre assez ressemblant à la pomme de pin, mais d'un goût qui déplaît. Le chien, le kanguroo, l'opossum, une espece de putois, nommé *Quoll* par les habitans, qui a le dos brun, tacheté de blanc qui est la couleur du ventre, sont les seuls quadrupèdes que nous y ayons vus ; la chauve-souris qu'on y trouve, paraît être le *Rouget* de Mr. de Buffon : nous avons eu occasion de parler ailleurs des oiseaux qu'on y voit : le pigeon y est très-beau & y vole en grande troupe : parmi les reptiles on compte les serpens, les scorpions, les mille-pieds, les lézards : les insectes y sont peu nombreux ; les mosquites & les fourmis sont les principaux : il est des fourmis vertes qui font des nids d'une structure curieuse, composés en pliant avec force des feuilles larges comme la main, & en réunissant leurs bords avec une espece de glu qui s'élabore dans leur corps ; en troublant le travail de ces insectes, nous sentimes leur aiguillon, dont la

Tome VII.   T

piquure n'eft gueres moins dangereufe que celle de l'abeille : la fourmi noire fe loge dans l'intérieur des branches ; en caffant la branche nous fûmes couverts de ces animaux qui fortaient par effaims de la branche rompue, & dardaient leur aiguillon avec violence ; une troifieme efpece très-petite, fait fon nid dans la racine d'une plante parafite qui croît comme le gui fur les arbres : elle eft groffe comme un grand navet, & les fourmis la vuident par une multitude de canaux tortueux qui ne paraiffent pas nuire à fa végétation : leur piquure ne fait que chatouiller. Il y a une quatrieme efpece de fourmi, qui eft blanche & fans aiguillon ; elles conftruifent deux habitations, l'une fur un arbre, l'autre à fon pied ; la premiere a quatre fois la groffeur de la tête d'un homme, & eft compofée de parties de végétaux pétries avec une matiere glutineufe que ces infectes tirent probablement de leur corps : fous cette croute on trouve, dans un grand nombre de finuofités, une quantité prodigieufe de cellules, qui toutes communiquent entr'elles & avec d'autres fur le même arbre : une grande avenue conduit à la fourmiliere conftruite au pied d'un autre arbre, & communément à la

racine ; celle - ci a la figure d'une pyramide
dont les côtés font irréguliers : elle a environ
fix pieds de hauteur & de diamêtre; il en eft
de plus petites & dont les côtés font plats ;
leur extérieur eft d'argile détrempée, d'environ deux pouces d'épaiffeur : fans communication au-dehors, elles n'en ont qu'avec les four-
millieres qui font fur les arbres : il eft probable que les fourmis fe retirent dans leurs de-
meures fouterraines durant la faifon pluvieufe,
& que pendant la faifon féche où elles n'ont
pas à craindre l'humidité & le froid, elles fe
retirent dans leurs habitations fur les arbres.

La mer fournit à l'homme dans ces lieux
plus d'alimens que la terre; nous avons parlé
des poiffons à coquille qu'on y trouve : les autres poiffons font d'efpeces très-variées, &
excepté le mulet, aucun n'eft connu en Europe : la plupart font bons à manger & plufieurs font excellens. Ce ferait donc fur
les bords de la mer qu'on devrait trouver
des peuplades plus nombreufes d'habitans;
cependant elles y font rares & faibles : elles
ignorent la culture, & fans doute les peuples de l'intérieur l'ignorent auffi : les hommes y font bienfaits, fveltes, d'une vigueur,

d'une activité & d'une agilité remarquables ;
leur voix est douce & efféminée. Leur peau
est couverte de boue & de fumée, & elle en
paraît noire ; elle nous parut être couleur de
chocolat ; ils n'ont ni le nez plat, ni les lèvres grosses ; leurs dents sont belles, leurs
cheveux longs & noirs ; mais ils les portent
courts ; ils les bouclent légérement ; ils n'y mettent ni huiles, ni graisses & sont exempts de
vermine : leur barbe est touffue ; ils la brûlent
quand elle est trop longue : les deux sexes
sont absolument nuds ; nous n'avons vu les
femmes que de loin ; les hommes qui nous
visitaient les laissaient toujours derriere : leur
principale parure consiste dans l'os qui leur
traverse le cartilage du nez : il est gros comme
le doigt, a cinq ou six pouces de long, & bouche leurs narines, ce qui les fait nasiller quand
ils parlent : outre ce bijou, ils ont des colliers faits de coquillages , taillés & attachés
ensemble fort proprement, des bracelets, de
petites cordes qui font deux ou trois fois le
tour de la partie supérieure du bras, un cordon de cheveux qui leur passe autour des reins,
des especes de hausse-cols de coquillages sus-
pendus sur la poitrine : ils se font de larges

tâches rouges fur la poitrine, & des rajes blanches, les unes étroites tracées fur les bras, les
jambes, les cuiffes; les autres larges fur le
refte du corps; le rouge paraît être de l'ocre:
le blanc eft peut-être une efpece de ftéatite;
ils ont les oreilles percées & n'y portent point
de pendans. Ils eftimaient beaucoup leurs ornemens & ne faifaient aucun cas de nos verroteries & de nos rubans, & cette indifférence
fait qu'ils ne volent point. On voit auffi fur
leurs corps des cicatrices irrégulieres, monumens de la douleur qu'ils reffentent en perdant leurs parens. Ils paraiffent n'avoir aucune
habitation fixe: leurs huttes font petites, conf-
truites en forme de four avec des baguettes
flexibles dont ils enfoncent en terre les deux
extrèmités; ils les recouvrent enfuite avec des
feuilles de palmiers, ou de l'écorce: ils s'y couchent au nombre de trois ou quatre, le corps
en rond, de maniere que les talons de l'un
touchent la tête de l'autre: l'ouverture eft toujours oppofée au côté où le vent fouffle le
plus ordinairement, & vis-à-vis du feu: une
horde errante les conftruit au lieu qu'elle vient
habiter; elle les abandonne lorfqu'elle le
quitte. Là où elle ne demeure pas, plufieurs

jours, elle couche fur les buiſſons, ou fur l'herbe féche : leur feul meuble eſt un vaſe d'écorce lié avec une baguette pliante dont le bout fert d'anſe ; ils ont encore un fac à mailles qu'ils portent fur le dos & où ils renferment leurs hameçons, leurs lignes, des coquilles, des pointes de dards. Leurs hameçons font faits avec art : leur principale nourriture eſt le poiſſon ; ils mangent auſſi des kanguroos & des oiſeaux ; ils font griller tout ce qu'ils mangent ; l'igname eſt le feul végétal dont ils fe fervent pour aliment ; ils machent continuellement de certaines feuilles que nous n'avons pu connaître. Ils font des entailles aux arbres pour y monter, & peut-être que là ils attendent & furprennent les oiſeaux. S'ils veulent allumer du feu, ils tournent promptement & avec force la pointe émouſſée d'un bâton fur un morceau de bois plat ; en un inſtant ils ont du feu & le propagent. Leurs armes font la javeline & différentes eſpeces de lances ; quelques-unes ont quatre pointes garnies d'un os pointu, barbelées & enduites d'une réſine dure : vers le nord, les lances n'ont qu'une pointe ; ce font des eſpeces de cannes ou de jonc droit & léger qui ont huit à quatorze pieds de long, compofées de pieces enchaffées les unes dans les autres , & qu'on arme d'une pointe de bois dur, ou d'un os de poiffon, ou de morceaux aigus de coquilles brifées ; ils les lancent avec beaucoup de force & de dextérité avec la main ; pour de grandes diftances , ils la mettent au bout d'un morceau de bois façonné qui augmente la force du jet comme la fronde : ils ont pour armes défenfives un bouclier ou targe de trois pieds de long , de la moitié de large , fait d'écorces d'arbres , qu'ils découpent même fur l'arbre avant que de l'enlever ; de forte qu'ils femblent ne pas ignorer que l'écorce d'un arbre devient plus épaiffe & plus forte lorfqu'on la laiffe fur le tronc, après l'avoir entaillée en rond.

Leurs pirogues font groffieres & mal faites: dans la partie méridionale, elles ne font qu'un morceau d'écorce duquel on maintient l'ouverture par des cerceaux ; elles peuvent porter trois perfonnes: fur les bords ils la pouffent avec une perche, ailleurs avec une rame longue d'un pied & demi ; elles tirent peu d'eau, font très-légères, & commodes pour la pèche des coquillages: dans la partie feptentrionale, les pirogues font faites d'un tronc

T 4

d'arbre creufé, elles ont quatorze pieds de long, & très-peu de largeur; ce qui leur rend un balancier néceffaire : ils les font avancer avec des pagaies, elles ne portent que quatre hommes; on ne fait comment ils les font; le feul inftrument qu'on leur ait vu, eft une hache de pierre fort mal faite, quelques coins de pierre; un maillet de bois & des fragmens de corail; ils poliffent leurs bâtons & les pointes de leurs lances avec la feuille d'une efpèce de figuier.

Les armes qu'ont ces peuples annoncent qu'ils ont des guerres entr'eux, mais nous n'en avons point vu d'exemples, & nous ne pouvons dire fi c'eft la guerre qui a dépeuplé cette vafte contrée, ou fi fa ftérilité ou d'autres caufes s'y oppofent à la population. Nous quittâmes l'ifle *Booby*, le 23 Août : nous perdimes le lendemain en de vains efforts pour retrouver une ancre perdue; mais le 25, nous reprimes notre route jufqu'au moment où un bas-fond nous arrêta : nous nous apperçûmes qu'il nous environnait de toute part, excepté dans la ligne qui nous y avait conduit : il fallut donc rebrouffer par le même chemin; nous n'étions pas éloignés de terre de quatre lieues, & cependant nous l'appercevions à peine

du haut du tillac : c'eſt qu'elle eſt unie & fort
baſſe : nous nous en approchames d'une lieue ;
elle était couverte de bois, & parmi les arbres que nous vîmes, nous crûmes y diſtinguer le cocotier : la fumée s'en élevait de divers endroits ; des bas - fonds nous arrêterent
encore, & nous reprîmes le large après avoir
paſſé devant un golfe qu'une petite isle met
à couvert des vents. A minuit, nous recouvrâ-
mes une grande profondeur & revinmes vers
la terre que nous apperçûmes être toujours
baſſe & boiſée : une écume brune couvrait
la mer ; vue au microſcope, elle offrait une
quantité innombrable de particules longues de
demi ligne, dont chacune ſemblait être formée
de 30 ou 40 tubes ; les matelots qui avaient
cru d'abord que c'était du frai, lui donnerent
enſuite le nom de *Sea-Saw-Duſt*, (ſciure de
mer). Nous fimes pluſieurs tentatives inutiles
pour approcher de la côte, d'où une briſe légere nous amenait une odeur qui reſſemblait
un peu au benjoin. Nous parvînmes enfin à
la voir à quatre milles de nous : la pinaſſe fut
lancée à la mer & je m'y embarquai avec onze
perſonnes, parmi leſquelles étaient Mrs. Banks
& Solander : l'eau était ſi baſſe que la pinaſſe

toucha le fond à plus de 30 toises de terre ;
nous y parvinmes à gué : la terre nous y découvrit des pas d'hommes ; près de nous était
une forêt que nous suivîmes jusqu'à un bois de
cocotiers bordé par un ruiffeau d'eau faumâtre : les arbres étaient petits, mais chargés de
fruits ; près de-là était une cabane, couverte
de feuilles encore en partie, & aux environs
des coques de fruits récens : nous regardions
ces fruits avec avidité ; cependant, la crainte
d'un danger inconnu ne nous permit pas de
monter fur les arbres pour en cueillir, & nous
n'en goûtâmes pas. Plus loin nous rencontrâmes des planes & un arbre à pain, mais ils
n'avaient point de fruits ; bientôt nous vîmes
trois Indiens qui pouflerent un cri horrible &
courant vers nous, l'un d'eux lança quelque
chofe qui brûlait comme la poudre à canon &
qúi ne fit point de bruit, les deux autres nous
jetterent leurs javelines ; nous tirâmes fur eux
à petit plomb fans les atteindre, & fans les effrayer : ils nous lancerent une nouvelle javé-
line ; nous tirâmes à balle & tous s'enfuirent
avec agilité ; en nous rapprochant du bateau,
nous vîmes les matelots laiffés dans la pinaffe,
qui nous faifaient figne qu'un grand nombre

d'infulaires approchaient; nous les apperçûmes nous-mêmes un inftant après; dès qu'ils
nous eurent découverts, ils firent halte; nous
revinmes dans notre pinaffe & ramâmes vis-à-
vis d'eux ;; ils étaient plus de foixante : ils reffemblent aux habitans de la Nouvelle-Hollande,
ils ont leur taille , les cheveux courts comme
eux, & font auffi nuds, mais moins bruns; ils
nous défiaient & nous lâchaient des feux dont
nous ne connaiffions ni la nature ni le but;
dans leurs mains étaient des bâtons courts,
peut-être creux, qu'ils agitaient de côté &
d'autre, & à l'inftant nous voyions du feu &
de la fumée de la même maniere qu'il part
d'un fufil; ils duraient peu, & ne faifaient
entendre aucune explofion. Nous fimes fiffler
quelques balles parmi les arbres qui étaient
dans leur voifinage, & ils s'en allerent tranquillement: les javelines qu'ils nous avaient
lancées avaient quatre pieds de long ; elles
étaient mal faites, d'une lame de bambou rouge,
garnie d'une pointe de bois durs, barbelée &
lancées avec roideur.

Cette terre eft à 65 lieues du *Cap Walche*,
ou du port de *St. Auguftin :* elle eft très-baffe,
couverte d'herbes & de bois épais: le coco-

tier, le plane, l'arbre à pain y profpèrent ; on y trouve beaucoup d'arbres, de plantes, de buiſſons communs aux pays que nous venions de parcourir. Dès que nous fûmes fur le vaiſſeau, nous fîmes voile au couchant ; le tems nous preſſait, le vaiſſeau faiſait beaucoup d'eau, & il fallait inceſſamment nous rendre à Batavia pour le radouber. D'ailleurs la Nouvelle Guinée eſt connue des Hollandais & des Eſpagnols, & il était probable qu'il n'y avait pas de grandes découvertes à y faire.

L'eſpace qui fépare la Nouvelle Guinée de la Nouvelle Galle méridionale, eſt femée d'isles qui femblent devoir faciliter la communication entre les deux pays ; cependant les végétaux utiles de la premiere, n'ont point été tranſplanté dans la feconde ; la langue paraît n'y pas être la même, & l'on peut fuppofer que les peuples y ont une origine différente.

Le 3 Septembre, nous nous éloignâmes de cette côte ; le 6, nous vîmes deux petites isles, & je ferais defcendu dans l'une d'elles fi le vent eut été moins fort : ce font les isles *Arrou*, ou elles ne font point marquées fur les cartes : elles font fous le 7e degré 6 minutes de latitude méridionale, & le 152e degré 30 minu-

.tes de longitude ; les jours fuivans nous en vimes encore une qui doit être *Timor Laoet*. Le 9, nous découvrîmes *Timor;* nous approchâmes de fes côtes ; la nuit nous y vimes des feux, le jour de la fumée ; la terre était haute, partagée en collines couvertes de bois épais ; entr'elles font des clarieres très-étendues qui paraiffent être l'ouvrage des hommes : nous vimes un golfe qui répond à la defcription qu'on en trouve dans le voyage de Dampierre : près de la grève s'élevent de grands arbres pyramidaux ; derriere font des criques d'eau falée ombragées par le paletuvier & le cocotier : du rivage au pied de la premiere colline, la terre eft unie dans l'efpace d'une lieue, & nous n'y vîmes ni plantations, ni maifons ; cependant, tout y annonce qu'elle eft fort peuplée. Nous fuivîmes les côtes jufqu'au 15 : nous y vîmes toujours de la fumée fur les monts, & fur la terre qui eft à leur pied , & que la mer borde : les montagnes femblaient diminuer de hauteur; nous découvrions en divers endroits de grands bocages de cocotiers; enfin le dernier jour nous vîmes des maifons & de nombreufes plantations; celles-ci étaient enfermées de haies jufques fur le fommet des plus hautes collines;

celles-là étaient ombragées par des bois de palmier-éventail, ou *Boraffus* : cependant nous n'y vîmes ni hommes, ni bétail. La navigation le long de fes côtes y eft fans danger. Le 16, nous découvrîmes les isles de *Rotte* & de *Semau* ou *Simao*, & nous paffâmes entr'elles. La premiere n'eft pas fi montueufe que Timor, mais elle eft agréablement entrecoupée de collines & de vallées ; elle fournit au commerce beaucoup de fucre : fur fa côte feptentrionale on voit quelques palmiers-éventails, & un grand nombre d'arbres qui y font fans feuilles. Semau préfente à-peu-près le même afpect. Sur les 10 heures du foir, nous vîmes une lueur rougeâtre & obfcure, qui s'élevait de 20 degrés fur l'horifon, & dont l'étendue variait par intervalles ; à travers & en dehors de cette premiere couleur, paffaient des rayons d'une couleur beaucoup plus vive, qui s'évanouiffaient & reparaiffaient au même inftant : le phénomène conferva fon éclat jufqu'à minuit que nous ceffâmes de le regarder. Nous croyions n'avoir plus d'isles à découvrir jufqu'à Java ; cependant le 17 nous en vîmes une encore : nous allâmes à elle, & bientôt nous y remarquâmes des maifons, des cocotiers, de nom-

breux troupeaux de moutons : cette vue, le
nombre de mes malades, leur regret de ce
qu'on n'avait pas defcendu à Timor, me déterminerent à y aborder & de commercer avec
les habitans : du vaiffeau nous remarquâmes
deux hommes à cheval qui examinaient notre
vaiffeau, & nous comprîmes que des Européens y avaient formé quelque établiffement.
Mon fecond lieutenant y débarqua, & rencontra
quelques infulaires qui, par leur habillement
& leur figure, reffemblaient aux Malais ; ils
étaient honnètes, mais ne purent l'entendre,
& il n'y trouva point de mouillage pour le vaiffeau. Je l'y renvoyai avec de l'argent pour
acheter au moins quelques rafraîchiffemens pour
les malades ; avant qu'il put aborder, nous apperçûmes deux autres cavaliers portant un
habit bleu, une vefte blanche, un chapeau
bordé, qui regardaient curieufement le vaiffeau : d'autres cavaliers fe raffemblerent autour
de nos gens ; nous vîmes qu'on leur apportait
des noix de coco ; ils revinrent & nous firent
figne qu'il y avait une baie où nous pourrions
mouiller à quelque diftance de ce lieu ; nous
y allâmes jetter l'ancre, près d'une grande ville
Indienne qui peu après arbora pavillon Hol-

landais & fit entendre trois coups de canon; j'envoyai Mr. Gore vifiter le gouverneur s'il y en avait un; il fut reçu par une trentaine d'Indiens armés de fufil, qui marchant fans ordre, le conduifirent chez le *Raja* ou roi de l'isle; il lui dit qui nous étions, & ce dont nous avions befoin: le Raja dit, qu'il ne pouvait commercer avec nous, fans l'aveu de l'agent de la compagnie Hollandaife qu'il allait confulter; l'agent vint bientôt lui-même: c'était un Saxon nommé Lange: il confentit à ce que nous défirions & voulut nous vifiter fur le vaiffeau: il y vint avec le raja, & je leur donnai à diné; le raja parut héfiter fi nous lui permettrions de s'affeoir avec nous; j'eus bientôt diffipé fes fcrupules: ceux d'entre nous qui favaient le Hollandais ou le Portugais, fervaient d'interprètes avec l'agent & le raja, ou avec fes fujets. Le raja nous demanda un mouton; il ne nous en reftait qu'un, nous lui le donnâmes; il demanda un chien anglais, Mr. Banks lui donna fon lévrier. Mr. Lange demanda une lunette, il l'obtint; ils nous promirent que le lendemain, fur la grève, nous trouverions des bufles, des moutons, des cochons, de la volaille, & que nous pourrions en acheter au-

tant

tant qu'il nous plairait: fatisfaits de leurs pro-
meffes, nous les renvoyâmes yvres, après qu'ils
eurent vu faire l'exercice à nos foldats: nous
les faluâmes de neuf coups de canon; Mrs.
Banks & Solander les accompagnerent, vifite-
rent les maifons de la ville, qu'ils trouverent
affez grandes, confiftant en un toit de feuilles
de palmier, foutenu fur un plancher de bois
par des colonnes hautes de quatre pieds: on
leur y fit boire du fuc de palmier non fermenté; il eft doux, affez agréable, & on efpéra
trouver en lui un anti-fcorbutique. Le lendemain
rien ne parut fur la grève où je defcendis:
le roi nommé *Madacho Lomi Djara*, nous y
donna à dîner: il fut fervi dans trente-fix paniers qui renfermaient ou du porc ou du riz:
trois vafes étaient pleins de bouillon dans lequel le porc avait été cuit: chacun de nous
fut conduit vers un trou fait dans le plancher,
où l'on nous verfa de l'eau contenue dans un
vafe de feuille de palmier; nous nous lavâ-
mes, puis nous nous plaçâmes à terre autour
des plats. Le roi avait difparu, nous le demandâmes, on nous affura que l'ufage ne permettait pas à celui qui donnait à dîner de s'affeoir
avec fes hôtes: le porc, le riz étaient excel-

lens; après dîner, nous fîmes encore demander le roi pour boire avec lui; l'ufage ne lui
permettait pas de s'enyvrer dans un repas qu'il
donnait, & pour ne pas s'enyvrer il fallait ne
point boire. Nos matelots, nos domeftiques
prirent la place que nous avions quittée, &
ne pouvant confommer tout ce que nous y
avions laiffé, on les obligea à emporter les
reftes dans leurs poches. Dans le moment de
la gaieté nous voulûmes parler des provifions
promifes; mais l'agent avait reçu à propos une
lettre du gouverneur de *Concordia* dans l'isle
de Timor, qui y mettait obftacle : c'était un
moyen de fe les faire acheter plus cher; nous
n'emportâmes au vaiffeau que quelques volailles & un fyrop fait de fuc de palmier, meilleur que la melaffe & beaucoup moins cher.
On éprouva toujours de nouveaux obftacles,
de nouvelles défaites de l'agent & du rajah qu'il
faifait agir. Le 20, nous defcendîmes, je mar-
chandai un petit bufle, & parce que je n'en
voulus pas donner le double de ce qu'il valait,
nous vîmes arriver une déclaration du roi,
qui nous annonçait que fes fujets ne commer-
ceraient pas avec nous parce que nous avions
refufé d'en payer le prix fixé : on faifait ré-

trograder les volailles, le fyrop, les bufles, les moutons. Je vis que ce renvoi déplaifait à un Indien qui jouiffait d'une grande autorité: je lui donnai un fabre, & alors il fit trembler le collégue de l'agent en l'agitant fur fa tête, lui ordonna de s'affeoir, & bientôt le marché fut approvifionné : nous nous procurâmes toutes les provifions néceffaires, & ne payâmes que les premieres à haut prix.

L'isle s'appelle *Savu* : quelques cartes l'appellent *Saow* : elle a huit lieues de long, fa largeur m'eft inconnue ; le nom du havre où nous mouillâmes eft *Seba* ; la côte de la mer y eft baffe ; au centre s'élevent de grandes collines : quand la faifon féche y dure longtems, on n'y trouve plus d'eaux douces que dans de petites fources éloignées de la mer : telle était fa fituation quand nous y arrivâmes ; cependant l'afpeĉt du pays était très-beau ; le cocotier, le palmier *arecas* ornent les bords de la mer : les collines font richement couvertes jufqu'au fommet de plantations du palmier-éventail qui y forme des bocages impénétrables à l'ardeur du foleil : entre ces arbres profpèrent le maïs, le millet, l'indigo ; rien n'eft plus beau que les arbres,

& la verdure qui ornent cette terre: le cocotier, le tamarin, le limonier, l'oranger, le
mangue, font avec le palmier - éventail, les
principaux de fes arbres; le fol produit auffi
du bled farafin, du riz, des melons d'eau,
des callivances, une efpece de canne à fucre,
du céleri, de la marjolaine, du fenouil, de
l'ail, quelques autres légumes d'Europe, du
bétel, des noix d'aréque, du tabac, du coton
de la canelle même; on y trouve le fruit du
favonier, le blimbi qui croît fur un arbrif-
feau, qu'on ne peut manger crud, mais qui
eft bon mariné & cuit à l'étuvée. Le bufle,
le cheval, le mouton, la chèvre, le cochon,
l'âne, le chien, le chat, la poule, le pigeon
y font apprivoifés; les moutons font couverts
de poils, ont les oreilles longues & pendantes, & le mufeau arqué ; leur chair eft maigre & fans faveur : les habitans préferent le
chien & le chat au mouton & à la chèvre;
les cochons y font gras & fucculens; les poules y font groffes & n'y font que de petits
œufs.

Les habitans font petits, leur teint eft un
brun foncé, leurs cheveux font noirs, liffes
& attachés au haut de la tête avec un pei-

gne ; ils font bien faits, vigoureux, actifs ;
leurs traits font variés ; ils s'arrachent la
barbe : les femmes ont toutes la même phyfionomie : l'habillement commun eft d'une
étoffe de coton dont le fil teint en différens
bleus , produit une couleur changeante ;
d'une piece ils s'enveloppent les reins, d'une
autre ils couvrent la partie fupérieure du
corps : ils ont les bras, les jambes, les
pieds nuds : les hommes fe couvrent la tête
d'une riche étoffe, les femmes ne fe la couvrent point : les riches y portent des chaî-
nes d'or à leur col , des bagues à leurs
doigts : les deux fexes y ont les oreilles
percées fans pendans & portent des bracelets de grains de verre : les femmes en font
des cordons , avec lefquels elles attachent
leurs jupons : des cercles de fil de cuivre,
des anneaux d'yvoire autour des bras, y annoncent les enfans des rois : prefque tous
les hommes ont leur nom tracé fur leur bras
en caracteres noirs & ineffaçables : les femmes
s'impriment un quarré rempli de deffeins de
fleurs au - deffous du pli du coude ; ces marques reffemblent beaucoup au *tattow* des ifles

de la mer du Sud. Leurs maiſons ne different que par l'étendue : il en eſt qui ont 400 pieds de long, d'autres n'en ont pas plus de vingt ; comme elles repoſent ſur des colonnes élevées de 4 pieds, il y a cette diſtance entre le plancher & le ſol ; ſur le plancher, d'autres colonnes ſoutiennent un toit incliné qui deſcend juſqu'à deux pieds de ſa baſe, mais le ſommet en eſt élevé de 6 pieds : au centre eſt l'appartement des femmes ; ſur les côtés ſont de petites chambres : l'eſpace entre le plancher & le toit demeure ouvert & ſert à renouveller l'air comme à recevoir la lumiere.

Le palmier-éventail donne aux inſulaires la liqueur nommée *toddy* ; ils en font auſſi un ſyrop agréable & un ſucre groſſier d'un brun rougeâtre, meilleur que celui des cannes à ſucre quand il n'eſt point rafiné : le ſyrop leur ſert pour engraiſſer les cochons, les chiens, la volaille ; ils en mangent eux-mêmes pendant pluſieurs mois ; les feuilles de palmier ſervent pour couvrir les maiſons, pour faire des paniers, des vaſes, des paillaſſons, des pipes à fumer ; le fruit eſt de la groſſeur d'un gros turnep, recouvert d'une enveloppe fibreuſe, ſous laquelle il y a trois amandes bonnes à manger avant qu'elles ſoient mû- res.

Les Savuens font bouillir leurs alimens: ils creuſent horizontalement un trou comme le terrier d'un lapin, long d'environ une toiſe; l'une des ouvertures eſt grande, l'autre petite; le feu ſe place dans la premiere, la ſeconde y renouvelle l'air: ſur la longueur du trou horizontal, ils font d'autres trous où ils pla- cent leurs vaſes faits en pointe, & le feu y agit ſur une grande ſurface: il eſt étonnant combien il faut peu de feu pour faire bouillir par cette méthode, une grande quantité d'eau; une feuille de palmier, une tige de plante ſé- che, ſuffiſent pour le nourrir: c'eſt ainſi qu'ils font leurs ſyrops, leurs ſucres, & préparent leurs alimens. Les deux ſexes mâchent du bétel & de l'aréque: le premier infecte leur haleine, le ſecond pourrit & noircit leurs dents; les deux ſexes encore fument du tabac, ils en avalent la fumée pour en augmenter l'effet.

L'isle eſt diviſée en cinq principautés; cha- que prince ou rajah, a un conſeil qui termine avec équité les différens qui s'élevent entre leurs fujets : toutes réunies , peuvent fournir 7300 combattans, armés de fufils, de javelines, de lances , de haches d'armes & de boucliers ; ils ignorent la difcipline militaire ; plus un homme y poſſéde de terre & plus il y eſt reſpectable ; au-deſſous du poſſeſſeur des terres eſt le pauvre journalier, puis l'eſclave ; celui-ci eſt attaché à la glébe, mais le propriétaire n'a point d'autorité fur ſa perſonne : ſa valeur commune eſt celle d'un cochon gras ; ils accompagnent les hommes de diſtinction , l'un porte ſon épée ou ſon coutelas , l'autre un ſac plein de bétel, d'aréque , ou de tabac : tel homme en poſſéde ƒoo. Une longue ſuite d'ancêtres y eſt un grand motif de vanité : les maiſons où ces générations ſe ſont écoulées, une pierre ſur laquelle elles ſe ſont tour-à-tour aſſiſes, y ont le plus grand prix. De grandes pierres élevées ſur les collines y atteſtent l'exiſtence paſſée de chaque roi , & ſervent de table au feſtin général qu'on donne à ſes funerailles.

Ils ſavent ſaire une étoffe de coton , ils la filent, la tiſſent, la teignent : leur religion eſt une eſpece de fétichéiſme ; chaque homme y a ſon dieu dont il en eſt le prêtre & qu'il adore à ſon gré ; leur morale eſt irréprochable : chaque homme n'y a qu'une femme, & tout commerce illicite entre les deux fexes y eft inconnu : le vol y eft un crime rare, l'affaffinat y eft fans exemple. Ils font propres & jouiffent d'une fanté conftante: on y traite la petite vérole comme la pefte.

Il y a dix ans que la compagnie Hollandaife fit un traité avec les rajahs , par lequel elle leur fournit de la foie, des toiles, de la coutellerie, de l'arrack, &c. & en reçoit du riz, du maïs, des callivances ; elle feule a le droit d'y commercer : elle y avait placé trois perfonnes, un agent avec fon fubftitut qui veille à l'exécution du traité, & un inftituteur qui enfeigne la jeuneffe.

' Nous partîmes de Savu le 21 Septembre ; nous apperçûmes deux petites isles dans fon voifinage. Le 27 , nous découvrîmes la pointe occidentale de *Java* , puis les isles *du Prince* & de *Crataca :* celle-ci eft élevée & fe termine en pic. Nous prîmes quelques rafraîchiffemens fur la côte de Java , fur-tout pour Tupia qui était très-mal : le pays femblait un bois continuel : un vaiffeau Hollandais nous apprit que le *Swallow* y était abordé deux ans auparavant ; cette nouvelle nous fit plaisir, car on était encore incertain de son sort lorsque nous partîmes d'Angleterre : un autre bâtiment vint nous vendre toutes sortes de rafraîchissemens. Un *pros* arriva de Batavia pour nous faire diverses questions, parmi lesquelles il y en avait d'indiscrettes ; nous répondîmes simplement, que nous étions Anglais, & allions en Europe. Nous fîmes long-tems de vains efforts pour arriver à Batavia dont un courant nous éloignait ; nous parvînmes enfin le 8 Octobre à mouiller près d'une des *Mille-Isles* qui peut avoir 250 toises de long & 50 de large ; elle renferme une maison, une petite plantation, où parmi d'autres fruits croissait le *Palma-Christi* : on y tua une chauve-souris qui avait trois pieds d'envergure. Le 9, nous arrivâmes dans la rade de *Batavia*. Nous y trouvâmes un vaisseau de la compagnie Anglaise, deux bâtimens Anglais, 13 grands vaisseaux Hollandais, & un grand nombre de petits navires. Nous y apprîmes que le *Falmouth*, vaisseau dont parle le capitaine Wallis, avait été vendu à l'encan il y avait six mois, & son malheureux équipage renvoyé en Europe. Mes canons étaient en mauvais état, & par cette raison je ne saluai pas, j'en fis mes excuses. Je m'occupais incessamment

du soin de faire réparer mon vaisseau. Nous
nous logeâmes dans l'hôtel destiné aux étrangers, puis je rendis visite au gouverneur
qui me reçut honnètement, & me promit
tout ce qui nous était nécessaire. Ce mème
jour, un navire Hollandais qui était près de
nous, eut le grand mât de hune & son grand
perroquet mis en pieces par le tonnerre; nous
aurions partagé son sort, si nous n'avions
depuis quelque tems dressé une chaine élec-
trique qui conduisit la foudre aux côtés du
vaisseau. Nous demeurâmes donc à Batavia:
M. Banck prit un logement particulier, il y
fit venir Tupia & son valet, tous les deux
malades; en sortant du vaisseau il était abattu
& engourdi, mais en entrant dans la ville,
il fut animé d'une nouvelle vie. Les maisons,
les voitures, les rues, les habitans, une
multitude d'objets nouveaux pour lui, se pré-
cipiterent à la fois dans son imagination, & y
produisaient une forte d'enchantement. Tayeto
exprimait son étonnement en dansant dans
les rues saisi d'une espece d'extase: la diver-
sité des habillemens frappait Tupia, nous
lui dîmes que chaque nation portait ici l'habillement de son pays, & il voulut prendre

celui de Tahiti. On reconnut à Batavia qu'il était du même pays que *Taourou*, le Tahitien qu'y avait amené M. Bougainville. Mais bientôt nous fentîmes les funeftes effets du climat & de la fituation baffe & maréca- geufe de cette ville célebre : prefque tout l'équipage tomba malade, le docteur Solander prit la fièvre, d'autres perfonnes étaient mou- rantes, Tupia retomba dans fa premiere lan- gueur, elle empira encore, Tayeto prit une inflammation de poitrine : ils demanderent à revenir au vaiffeau où ils refpireraient un air plus libre, mais on le mettait alors à la bande, & on les conduifit fur l'isle *Cooper* où on leur fit dreffer une tente : M. Banks demeura deux jours auprès d'eux, quoiqu'il eut auffi une fièvre violente & intermittente. M. Monkhoufe, notre chirurgien, homme éclairé & fage, en fut la premiere victime ; le docteur Solander eut à peine la force d'affif- ter à fes funerailles ; nous voyions approcher la mort fans pouvoir l'éviter ni la fuir : Tayeto mourut, Tupia le fuivit bientôt après. Il fallut louer une maifon de campagne pour fauver Mrs. Banks & Solander : j'étais alors très-mal ; il n'y avait plus que dix perfonnes en état de faire le fervice. Cependant notre vaiffeau percé, ébranlé prefque dans toutes fes parties, fe réparait avec la plus grande diligence ; nous le voyions regréer, équiper de nouveau avec impatience : la faifon pluvieufe avait commencé : le croaffement continuel & infupportable des grenouilles fe faifait entendre de toutes parts ; les coufins, les mofquites fortaient en foule de deffus les eaux ftagnantes des marais, & la maladie & la mort mettaient de la lenteur dans tous nos préparatifs. Le 8 Décembre, notre vaiffeau fut entièrement radoubé ; nous ne pûmes cependant mettre à la voile que le 26 ; nous avions alors 40 malades & le refte de l'équipage était très-faible : un feul n'avait pas été malade, c'était le voilier, vieillard d'environ 80 ans, qui s'enyvrait tous les jours à Batavia. Tupia ne fut pas victime de la feule infalubrité du climat : accoutumé à ne vivre que de végétaux, de fruits mûrs, le changement de nourriture l'accabla bientôt de toutes les maladies des marins, & il eft probable que lors même que nous n'aurions pas relâché à Batavia, il n'aurait pu réfifter jufqu'en Angleterre.

Batavia eft fituée dans une plaine baffe &

marécageufe, où plufieurs petites rivieres qui defcendent des montagnes bleues débouchent dans la mer, fous le 6ᵉ d. 10 m. de latitude méridionale & le 124ᵉ d. 20 m. de longitude. Elle a peu de rues qui n'aient un large canal où l'eau coule très-lentement, & dont plufieurs fe prolongent à plus d'une lieue dans l'intérieur du pays ; elle occupe un vafte terrein, parce que les maifons y font grandes & les rues larges, celles-ci font belles ; les canaux y font bordés d'arbres, mais ils arrêtent la circulation de l'air : dans la faifon des pluies, une partie des maifons eft inondée, & l'eau y dépofe une quantité inconcevable d'ordure & de vafe ; on nettaie les canaux, & la boue noire mêlée d'excrémens qu'on en tire, fe defféche fur les bords & exhale des vapeurs putrides ; les charognes abandonnées fur le bord des eaux courantes y en exhalent auffi, & ajoutent à l'infalubrité naturelle de ce climat. La plus grande force de Batavia eft d'être élevée au milieu des marais, où il fuffit d'arrêter l'ennemi quelques jours pour l'affaiblir & bientôt le détruire. Les foldats Européens qui la défendent, font auffi par l'effet de ce climat malfain, pâles, faibles, & fe trainent avec peine; tous les blancs qu'elle renferme font foldats; les plus jeunes font toujours fous le drapeau, les autres peuvent toujours y être rappellés. Les Portugais qui l'habitent, font accoutumés au climat, & font bons tireurs, parce qu'ils s'exercent à la chaffe des porcs fauvages; les Chinois, les Indiens libres ou *Mardykers* font braves, & favent manier avec adreffe le fabre, la lance & la dague; mais ne connaiffent point l'ufage de l'arme à feu.

Telles font les principales défenfes de Batavia; car fes murs, fes foffés, fa citadelle font peu redoutables. Il eft prefqu'impoffible d'en former le fiége par mer, parce que l'eau y eft trop baffe, que le feul canal profond qu'il y ait, eft défendu par deux môles, un château, & une chaine de poutres flottantes. Son havre eft un des plus beaux de l'Inde; le fond en eft bon, la mer n'y eft jamais incommode pour les vaiffeaux, & la plus grande flotte peut être à couvert dans fon enceinte. Au dehors & autour du havre, font diverfes ifles que les Hollandais employent à différens ufages : celle d'*Edam* eft la demeure des coupables Européens qui n'ont pas mérité la

mort; ils y travaillent comme efclaves pendant un terme plus ou moins long, à faire
des cordes ou à d'autres travaux utiles : dans
celle de *Purmerent* eft un hôpital où l'on
jouit d'un air plus fain que celui de Batavia;
Kuyper renferme des magafins de riz & d'autres denrées; c'eft fous la rive de celle d'*On-
ruft* que les vaiffeaux mettent à la bande &
dépofent leurs équipemens & leurs cargai-
fons.

Les environs de Batavia font femés de
maifons de campagne & de grands jardins,
plantés d'autant d'arbres que le terrein en
peut porter, ufage qui rend les fruits abondans, mais qui nourrit l'humidité de l'air.
Ces forèts d'arbres fruitiers occupent un fol
entrecoupé par des rivieres & des canaux
navigables : tous les champs y font environnés d'un foffé plein d'eau ou de boue, &
au milieu des terres cultivées, on trouve
des marais & des fondrieres; auffi y eft-on
familiarifé avec les maladies, & les remedes
qu'on prend fe fuivent auffi régulierement
que les repas : tout y a un air malade,
la mort n'y caufe point d'étonnement, &
n'y excite point la fenfibilité ni la trifteffe :

dans

dans une étendue d'une douzaine de lieues
le fol eſt exactement parallele, excepté deux
hauteurs qui s'élevent d'environ 30 pieds,
fur l'une defquelles s'aſſemble un marché
fréquenté. Au-delà de cette vaſte plaine font
deux collines élevées où l'air eſt fain & frais,
où les végétaux d'Europe qui craignent la
chaleur viennent fort bien, où les infulaires
font vigoureux & colorés. Quelques riches
habitans y ont des maifons où ils vont une
fois par année ; les malades s'y guériſſent en
peu de tems, mais en s'éloignant de ces hauteurs, on perd rapidement la vigueur qu'on
y avait recouvrée. Le fol eſt très-fertile dans
cette plaine : le riz y croit abondamment
& y reſte fous l'eau autant qu'il eſt néceſſaire ;
fur les collines on en feme une efpece qui
demande moins d'eau ; cependant il faut le
femer au commencement de la faifon pluvieufe, & on le recueille au commencement de
la faifon féche ; les habitans recueillent le maïs
avant qu'il foit mûr & le grillent en épi : un
de leurs principaux alimens eſt la lentille, nommée *cadjag :* on y recueille du millet, des
ignames fondantes & d'autres, des patates
douces, des pommes de terre très - bonnes.

Tome VII.   X

Les jardins potagers font plantés de choux,
de laitues, de concombres, de raves blanches de la Chine, de la plante aux œufs,
de carottes, de perfil, de céleri, de pois
d'angole, d'un légume femblable à l'épinard,
de petits mais excellens oignons, d'afper-
ges, de fauge, d'hyfope, &c. On y recueille
une quantité immenfe de belles cannes à fucre
& beaucoup d'indigo. On y compte 37 efpeces de fruits : les principaux font la pomme
à pin (*bromelia ananas*) qui y eft très-abon-
dante, pleine de fuc & d'un bon goût, de
bonnes oranges douces, des pimplemouffes,
d'excellens limons, des mangues qui reffemblent à une pêche fondante, différentes fortes
de bananes, de médiocres raifins, du tamarin défagréablement apprêté, de bons melons
d'eau, de bonnes citrouilles, le *cachiman*
ou *cœur de bœuf*, l'*annona reticulata* de Lin-
néus, qui eft un fruit eftimé, la noix de
coco, le *mangouftan* qui a un heureux mélange de doux & d'aigrelet qui le rend auffi
fain qu'agréable, des jambos, des grenades,
le *durion* dont la faveur approche d'un mélange de crème, de fucre & d'oignons ; le
rambutan qui reffemble à la châtaigne par

ſa forme , & dont le goût acide eſt très-agréable ; le *ſalach* qui renferme des amandes jaunes dont la ſaveur reſſemble à la fraiſe. Ces fruits ne ſont pas les ſeuls , mais ils ſont les meilleurs : on en conſomme une quantité incroyable à Batavia ; il y a dans ſes environs beaucoup de fleurs différentes inconnues en Europe ; le *champacka* a 15 petales d'un jaune plus foncé que la jonquille , à laquelle il reſſemble par ſon parfum ; le *cananga* a un parfum agréable qui lui eſt particulier ; il eſt verd ; le *mulatti* eſt le jaſmin d'Arabie ; le *combang*, petite fleùr très-odoriférante, du genre des apocins ; le *bonja tanjong* a la forme d'une étoile de 7 a 8 rayons , jaunátres, d'un parfum agréable : ces fleurs ſont preſque ſans odeur durant le jour ; c'eſt ſur le ſoir qu'on les vend : il y a beaucoup d'autres fleurs , trop rares pour qu'on en voie au marché ; on en orne ſes cheveux , on en répand dans ſa chambre, on en couvre ſon lit, on brule ſans ceſſe des aromatiques & des reſines, ſans doute par luxe , & encore pour affaiblir l'influence des exhalaiſons infectes qui s'élevent des canaux & des foſſés.

Java produit du poivre dont on envoye

annuellement en Europe pour de grandes fommes : elle nourrit des chevaux, des vaches, des buffles, des moutons, des chèvres, des cochons : les chevaux paraiffent en être originaires ; ils font petits & pleins de feu ; les bœufs, quoique de la même efpece que ceux d'Europe, ont une figure différente ; on y en trouve de fauvages : les buffles y font abondans ; mais les Javans & les Chinois peuvent feuls en boire le lait, & en manger la chair : les moutons y ont de grandes oreilles pendantes, du poil au lieu de laine, & une chair dure & coriace ; les chèvres n'y font pas meilleures ; mais les cochons y font bons & fort gras. On y voit auffi des chiens, des chats fauvages, & deux efpeces de daims : les parties défertes nourriffent encore un grand nombre de tigres, de finges & quelques rhinocéros. Le poiffon eft très-abondant à Batavia, & il en eft d'excellens ; la rareté de quelques-uns en fait le prix & le mérite auprès des riches, qui dédaignent d'excellens poiffons que leur abondance rend la nourriture du peuple : on y trouve des tortues, mais moins tendres & moins graffes que celles des isles de l'Amérique, de grands lézards ou iguans dont quelques-uns, à ce qu'on affure, font auffi gros que la cuiffe d'un homme : la chair en eft excellente.

Les poules y font très-groffes, les canards & les oies y font à très-grand marché, les pigeons fort chers, le prix des coqs - d'Inde exorbitant ; le gibier volant y eft rare ; les becaffines de deux efpeces, font peut-être les oifeaux de ce genre qu'on y voit le plus communément, c'eft auffi l'oifeau le plus généralement répandu fur la terre.

Parmi les habitans de Batavia, il y en a à peine la cinquantieme partie qui foit Hollandaife : les Portugais en forment le plus grand nombre, mais les Hollandais feuls exercent le pouvoir : prefque toutes les femmes blanches qu'on y voit, defcendent de parens Européens de la troifieme ou quatrieme génération : le climat leur y eft moins funefte qu'aux hommes : elles imitent en tout les femmes Indiennes & mâchent du bétel comme elles : le commerce y eft facile, chaque manufacture eft dirigée par un Chinois qui n'en peut vendre le produit qu'à un négociant Batave. On y nomme les Portugais *Oranferanc* ou hommes Nazaréens, & *Caper* ou *Cafir*,

nom injurieux donné par les mahométans :
ils sont devenus luthériens, ne connaissent
plus leur patrie, se servent préférablement
de la langue malaise, vivent de chasse, blan-
chissent le linge, travaillent comme artisans,
comme manœuvres : ils ressemblent aux Indiens par leurs mœurs & leurs vêtemens ; ils
en diffèrent par les traits, & ont le teint
plus foncé & le nez plus pointu. Les Indiens
sont mélangés d'hommes rassemblés dans les
isles voisines, & l'on voit quelle est leur
patrie, par les vices & les vertus qui les distinguent : ils cultivent les jardins, vendent
des fruits, le bétel, l'aréque, vont à la pêche,
voiturent les marchandises par les canaux :
le riz est leur principale nourriture, ils mangent aussi beaucoup de fruits ; ils sont très-
sobres, mais somptueux dans leurs festins :
ils sont mahométans & le mariage est leur
cérémonie la plus brillante ; les fêtes en durent 15 jours, pendant lesquels les femmes em-
pêchent le mari de visiter son épouse : leur langue est le malais, mais elle en est un dialecte
corrompu : les femmes y ont beaucoup de
cheveux, ils sont noirs & forment une tresse
circulaire sur le sommet de la tête où elle

est attachée également avec une aiguille , &
surmontée d'une tresse de fleurs. Ils se baignent fréquemment, ont grand soin de leurs
dents qu'ils usent & rendent égales avec une
pierre à aiguiser , ils y tracent dans le milieu
de leur longueur un sillon profond, & les
conservent très-saines. Il se passe rarement
une semaine sans que l'on voye quelques-uns
d'entr'eux s'élancer dans les rues enivrés
d'opium, armés d'un poignard, & tuant tout
ce qu'ils soupçonnent vouloir les saisir, jusqu'à ce qu'ils soient tués eux-mêmes, ou arrêtés : des outrages, quelques injustices, la ja-
lousie les précipitent dans les excès : ils sont
condamnés à être rompus vifs, & ceux qui
les arrêtent en vie sont bien récompensés.

Ces hommes imbus d'opinions absurdes,
croient que satan est la cause de toutes les
maladies , & ils lui font des offrandes de
tout ce qu'ils estiment le plus ; c'est lui qui
leur présente des songes, qui cause leurs in-
somnies , & ils vont vers les prêtres ou
cawins , chercher des éclaircissemens ; ceux-ci
leur font ordinairement entrevoir que le diable a besoin de vivres & d'argent, & ils en
suspendent aux branches d'un arbre aux

X 4

bords des rivieres, où des paſſans & ſans doute
les cawins viennent s'en ſaiſir : ils croient que
les femmes accouchent ſouvent d'un enfant
& d'un jeune crocodile que la ſage femme
porte ſur le champ à la riviere , ſur les bords
de laquelle la famille, & ſur-tout le jumeau,
porte des alimens pour mériter par ce devoir
fraternel de n'ètre point puni par des maladies ou par la mort. Cette opinion eſt ré-
pandue ſur toutes les isles juſqu'à *Timor*
& *Ceram* , ſans qu'on puiſſe en découvrir
l'origine. On en raconte mille exemples ,
mille faits dont les circonſtances ridicules
font ſentir la fauſſeté. Quelques peuples de
ces isles , tels que les Bongis & les Macaſ-
ſars font en ſouvenir de ces crocodiles ju-
maux, qu'on nomme *Sudaras*, une cérémonie
périodique : ils ſe rendent par troupes en
des bateaux fournis de proviſions & de muſi-
ciens , pleurer & chanter alternativement ,
invoquer leurs parens juſqu'à ce que le crocodile paraiſſe : alors la muſique s'arrète, &
on lance à l'eau les proviſions , du bétel, du
tabac : ils croient ainſi ſe rendre agréables à
leurs parens.

Les Chinois font nombreux à Batavia, ils

font pauvres, tiennent boutique, vendent des fruits, font charpentiers, menuifiers, forgerons, tailleurs, brodeurs; plufieurs cultivent des jardins, les champs de riz & de fucre, nourriffent des vaches, des bufles, & en portent le lait à la ville. En général ils font induftrieux & actifs, mais il n'eft point de gain deshonnète pour leur avidité: le jeu eft leur délaiffement, & ils s'y adonnent avec fureur: rarement ils font oififs: propres dans leur extérieur, leurs manieres font ferviles; fobres, peu fomptueux; le riz bouilli eft le fondement de leurs repas; mais ils mangent encore des chiens, des chats, des grenouilles, des lézards, des ferpens de plufieurs fortes, & beaucoup de poiffons, fur-tout de ceux qui font méprifés des autres.

Ils renferment leurs morts dans une bière de bois large & épaiffe, faite d'un tronc d'arbre creufé comme un canot, fur laquelle ils placent une couche de 9 pouces d'épaiffeur, d'un mortier nommé *chinam* qui devient bientôt auffi dur que la pierre; & jamais, quoiqu'il leur en coûte, ils ne dépofent cette bière dans une terre qui ait déjà fervi au même ufage. La loi veut à Batavia que les

morts y foient enfevelis felon leur état, &
on préleve les frais de la cérémonie avant
de confulter le bien que le mort laiffe ou
celui qu'il doit.

Les efclaves forment une claffe nombreufe
des habitans du pays : on les tire de Sumatra, de Malacca, des ifles à l'eft ; ils font
pareffeux, vivent de peu, & different par la
figure comme par le caractere : les plus voleurs, les plus incorrigibles font les *Papuas*,
tirés de l'Afrique ; les plus fénéans & les
plus vindicatifs font les *Macaffars :* les meilleurs & les plus chers viennent de l'ifle *Bali ;*
les plus belles femmes, bien plus chères que
les hommes, fortent de la petite ifle *Nias ;*
mais elles fuccombent bientôt fous l'air malfain de Batavia.

Le maître a le pouvoir d'infliger à fon
efclave tous les châtimens qui ne le privent
pas de la vie ; mais s'ils les font mourir,
ils font punis capitalement. Auffi ne puniffent-
ils pas eux-mêmes leurs efclaves, mais ils
les livrent à un officier chargé de leur faire
adminiftrer un nombre de coups de fouëts
proportionné à leur délit.

Les états font diftingués avec foin, à Ba-

tavia : les ornemens des voitures , l'habillement des cochers l'indiquent : une subordi-
nation exacte y retient tout dans une sou-
mission qui parait être de l'ordre. Tous les
gouverneurs des établissemens Hollandais dépendent du gouverneur général de Batavia ,
il les juge, il les punit à son gré ; sous lui
sont les membres du conseil auxquels on donne
le titre de nobles : quiconque rencontre leur
voiture s'arrête , se leve , fait la révérence :
on rend les mêmes respects à leurs femmes
& à leurs enfans. La justice y est adminis-
trée par un corps de magistrats divisés en
plusieurs classes ; dans les jugemens criminels
ils se montrent sévères pour l'Indien , indul-
gens pour l'Européen : les Malais , les Chinois ont des juges civils qui leur sont particuliers ; ce privilége & celui de porter des
cheveux longs, est acheté par des impôts qu'ils
paient tous les mois.

Nous partîmes de Batavia le 27 Décembre
1770, & bientôt nous eûmes dépassé de petites
isles qui ne sont pas loin de la côte : naviguant
tantôt vers Sumatra, tantôt vers Java, nous abordâmes le 5 Janvier sur les côtes de l'isle du Prince pour y faire du bois & de l'eau , pour nous y

procurer des rafraichiffemens néceffaires à nos malades qui empiraient : des Indiens parurent fur la grève, & l'un d'eux parut être leur roi : nous l'abordâmes, lui parlâmes, fans pouvoir convenir avec lui du prix d'une tortue : nous parûmes le négliger pour parcourir la côte où nous trouvâmes un ruiffeau d'eau douce, & des infulaires qui nous vendirent trois tortues ; le lendemain elles devinrent moins cheres & plus abondantes ; nous en achetâmes 2 ou 300 livres par jour : des volailles, de petits chevreuils, des poiffons, quelques végétaux nous furent apportés par les naturels du pays. L'ifle renferme une ville d'environ 400 maifons, coupée en ville vieille & nouvelle par une riviere d'eau faumâtre : les habitans y font moins nombreux dans le tems des moiffons, parce qu'alors les habitans réfident au milieu de leurs champs de riz, pour les défendre des oifeaux & des finges ; & c'eft là que M. Banks trouva fa majefté qui le reçut gracieufement, quoiqu'occupé à préparer fon foupé au milieu de fon champ de riz. Cependant, nos gens faifaient notre provifion d'eau & coupaient du bois : des infulaires les environnaient, & l'un d'eux leur vola une hache : tolérer ce vol eut été les encourager à en commettre de nouveaux : nous nous plaignîmes au roi, & la hache fut rendue le lendemain.

Rien ne nous retenait plus à l'ifle du *Prince*, fituée fous le 6ᵉ d. 49 m. de latitude méridionale, & nommée *Pulo Selan* par les Malais, *Pulo Paneitan* par ceux qui l'habitent. Leur principale bourgade fe nomme *Samadang*. En prenant congé du roi, nous lui fîmes préfent de deux mains de papier qui lui firent plaifir ; le confeil que nous lui donnâmes de nourrir des buffles, des moutons & d'autres beftiaux, pour attirer des vaiffeaux vers fon ifle, parut lui en faire moins, & il n'annonça pas des difpofitions à le fuivre : cependant il défirait que les vifites des Européens devinffent plus fréquentes.

Nous en tirâmes diverfes provifions, parmi lefquelles on peut remarquer deux efpeces de daims, l'une de la groffeur d'un mouton, l'autre de celle du lapin ; des tortues, de la volaille, des citrons, des fruits du plane, des noix de cocos & divers végétaux : elle eft couverte de bois, de champs cultivés ; fa furface eft plate, & on n'y diftingue qu'une

petite éminence : on a préféré quelque tems
une baie de Sumatra, ou une petite isle voisine de ses côtes , & on a eu tort : l'isle du
Prince vaut mieux ; l'eau n'en est mauvaise
que dans la partie du ruisseau qui touche à
la mer : les tortues y sont vertes, peu grasses,
peu savoureuses : on y trouve encore de
grosses poules , de petits chevreuils , plusieurs
especes de poissons , des pommes de pin ,
des melons d'eau , des citrouilles , du riz,
des ignames. Le rajah ou prince dépend du
roi de Bantam ; les habitans sont Javans , ils
en ont les mœurs, la religion , mais on n'y a
point vu de mosquées : ils mangent des noix
du palmier appellé *cyas circinalis* , qui , sur
les côtes de la Nouvelle Galles , empoisonnerent
nos porcs & rendirent malades plusieurs de
nos gens ; mais ils la coupent en tranches
minces qu'ils font sécher au soleil , puis tremper trois mois dans l'eau douce ; après quoi
ils en expriment le suc & leur font encore
éprouver l'action du soleil : c'est ainsi qu'ils
les dépouillent de sa qualité vénéneuse :
mais ils ne la mangent que dans des tems
de disette.

Leurs maisons sont élevées sur des poteaux

de 4 à 5 pieds : le plancher en est à jour & formé de cannes de bambou; le toit est en pente & de feuilles de palmier : l'enceinte est encore une claie de bambous : chacune forme un quarré long, a une porte & une fenêtre, & est partagée en deux parties qui chacune l'est en deux chambres ; l'une sert de cuisine, la seconde est pour les enfans, la troisieme pour le maitre & sa femme, la quatrieme pour les étrangers : les maisons des pauvres ne se distinguent de celles des riches que par leur petitesse : telles sont aussi les cabanes élevées dans les champs de riz ; mais elles sont sur de plus hauts poteaux.

Le petit peuple ne paraît pas méchant ; il montra même de la bonne foi dans le commerce ; il parle deux langues, l'une en usage dans les montagnes de Java d'où il paraît sortir, l'autre est la malaise ; l'une & l'autre ont des mots qui leur sont presque communs avec celle des habitans des isles de la mer du Sud ; la ressemblance est sur-tout frappante dans les mots qui expriment les nombres, & elle l'est même avec ceux en usage dans l'isle Madagascar : cependant les peuples qui habitent ces isles, paraissent être d'une origine différente ;

le Javan couleur olive a les cheveux longs ;
le natif de Madagafcar eft noir , & fa tête eft
couverte de laine ; cette diftinction n'eft pas
une raifon décifive ; le climat, les mœurs,
les alimens , peuvent à la longue faire paffer
les hommes de l'un de ces états à l'autre.

Nous défirions ardemment d'arriver au cap
de Bonne-Efpérance ; les maladies dont nous
avions pris les germes à Batavia, fe développaient
avec violence ; les dyffenteries , les fievres lentes nous enleverent dans l'efpace de fix femaines, Mr. Parkinfon, peintre d'hiftoire naturelle ; Mr. Green, l'aftronome ; Mrs. Spo-
ring, Monkhoufe, l'officier de poupe, notre
vieux voilier, fon aide, notre cuifinier, trois
charpentiers, neuf matelots, &c., malgré les
foins que nous prenions de mêler le jus de
citron à l'eau que nous buvions, & de laver
toutes les parties du vaiffeau avec du vinai-
gre; nous défefpérâmes longtems de la vie de
Mr. Banks; notre vaiffeau devenait un hôpital ,
quand enfin, le 15 Mars, nous jetâmes l'ancre
en travers du cap que nous avions défiré d'atteindre fi vivement. Nous fîmes peu de remar-
ques utiles dans cette traverfée : nous ne trouvâmes le vent alifé général, qu'onze jours après

avoir

avoir quitté la pointe Java; jufqu'alors les vents furent variables, le tems brûlant & l'air mal fain; le vent alifé nous foulagea.

Peu de jours après notre départ de Java, nous vimes des boubies voltiger autour de nous: cet oifeau qui fe juche tous les foirs à terre, nous annonçait qu'il y avait quelque isle dans le voifinage: c'eft peut-être celle de *Selam*, dont le nom & la fituation font également incertains dans nos cartes. Les courans ne nous parurent confidérables qu'en approchant du méridien de Madagafcar, & alors ils faifaient dériver de 20 lieues dans 24 heures. Sous le 27ᵉ degré 45 minutes de latitude méridionale, nous fûmes environnés d'oifeaux d'efpeces diverfes, & ils devinrent d'autant plus nombreux que nous approchâmes davantage de la côte: il en était un de la groffeur du canard, d'une couleur obfcure, ayant un bec jaunâtre.

Mon premier foin au cap, fut de louer une maifon pour nos malades; ils étaient en grand nombre, & cependant j'appris que notre état était bien moins fâcheux que celui de divers vaiffeaux qui avaient paru au cap & dont le voyage n'était pas le tiers du nôtre par fa du-

rée. Je reſtai près d'un mois ſur cette plage ;
& quand je rembarquai mes malades, pluſieurs
étaient encore en danger ; j'y pris des proviſions, j'y réparai mon vaiſſeau & ſes agrêts,
& fus prêt de remettre à la voile le 14 Avril.

Je dirai peu de choſe du Cap : l'aſpect du
pays eſt déſert ; le ſol en eſt ſtérile : des montagnes hautes & nues, des plaines couvertes
d'un ſable léger où croît la bruiere, voilà ce
qu'on y trouve ; la millieme partie du terrein
peut-être y eſt cultivable & cultivée : là, on
voit des jardins, des vergers, des vignobles,
mais ils ſont écartés les uns des autres. On
y trouve peu d'arbres, & ils y ſont tortus,
minces & petits, les plus grands n'y ont que
ſix pieds de haut ; le bois de charpente y vient
de Batavia ; on y dépenſe autant à ſe chauffer
qu'à ſe nourrir. On y apporte des proviſions
de l'intérieur du pays qui ne paraît pas être
plus fertile. Nous vîmes un fermier qui venait
de quinze journées de diſtance apporter des
proviſions, & amenait ſon jeune enfant ; nous
lui demandâmes s'il n'aurait pas mieux valu
le laiſſer entre les mains de ſon voiſin :
„ Un voiſin ! répondit cet homme : pour en
„ trouver un il faut faire cinq journées de

„ marche ” : il semble qu'un pays dont les cultivateurs sont si éloignés les uns des autres, n'annonce pas de la fertilité.

La seule ville qu'y aient les Hollandais est appellée la *Ville du Cap* ; elle a mille maisons, construites en briques & blanches à l'extérieur, mais couvertes de chaume, à cause de la violence des vents : les rues en sont larges, commodes, coupées à angles droits : un canal ombragé de chênes assez beaux, traverse la rue principale ; les canaux qui la coupent ont une pente si rapide qu'il a fallu les hérisser d'écluses. Les hommes y ont des coutumes diverses ; mais les femmes s'y asservissent aux modes de la mere-patrie avec tant de fidélité, que toutes font porter encore une chaufferette devant elles, quoiqu'elle leur soit fort inutile : elles sont belles en général, ont la peau fine, & le teint beau : ce sont des modeles comme femmes, meres & maîtresses de famille.

Le principal commerce du pays consiste dans les rafraichissemens qu'on y vend aux vaisseaux qui viennent y relâcher.

L'air est sain au cap : les maladies apportées d'Europe, s'y guérissent promptement : mais celles d'Asie sont plus ténaces : l'industrie y a supplée à la stérilité du sol ; & on y trouve l'abondance des choses nécessaires réunies avec les commodités du luxe : le bœuf & le mouton originaires du pays, y sont excellens ; les derniers sont couverts d'une toison qui tient le milieu entre la laine & le poil, ils traînent de longues & pesantes queues ; les vaches y sont petites, leur taille est élégante, leurs cornes longues & écartées : leur lait donne du très-bon beurre & du fromage très - médiocre ; les cochons, la volaille y sont abondans : les lièvres y ressemblent à ceux d'Europe ; les gazelles y sont d'espèces diverses : on y trouve deux espèces de caille & des outardes : les jardins y rapportent tous nos végétaux, tous nos fruits, ceux du plane, des goyaves, des jambos ; le froment & l'orge prospèrent dans les champs cultivés : parmi les vignobles, celui de Constance donne seul un vin estimé.

A l'extrèmité de la rue haute est le jardin de la Compagnie long de deux tiers de lieue, partagé à angles droits par des allées plantées de chênes qui produisent un ombrage agréable dans celle du milieu ; ces arbres y ont toute leur hauteur ; ailleurs ils ne forment que des palissades : on y cultive des légumes : deux quarrés y sont destinés à la botanique : au bout est une ménagerie qui renferme des quadrupèdes & des oiseaux qu'on n'a point vus en Europe : tel est le *coe-doe*, grand comme un cheval & dont la tête est ornée de grandes cornes spirales.

Les habitations des Hottentots les plus voisines de la ville, en sont à quatre journées de marche : ceux qui servent les Hollandais sont plus maigres que gras, forts, très-vifs, très-actifs : leur taille est ordinaire, leurs yeux sont ternes & sans vie, leur peau est couleur de suie, leurs cheveux sont frisés en boucles pendantes de 7 à 8 pouces de long : leur habit est une peau de mouton jettée sur les épaules : une ceinture ornée de verroterie suspend une petite poche dans les hommes, un large tablier de cuir dans les femmes ; tous portent des coliers, plusieurs des bracelets de verre ; ils entourent leur cheville du pied d'un cercle de cuir dur pour la défendre des épines ; quelques - uns ont des sandales de bois ou d'écorce ; plusieurs vont nuds-pieds : leur langue grossiere est distinguée par une espèce de gloussement, qui sert à en marquer les phrases à peine articulée : leur modestie est stupide : leurs danses sont alternativement lentes ou rapides à l'excès : la mesure de leurs chansons est prompte ou lente comme leurs danfes. Ils forment des tribus qui fe diftinguent par leurs ufages ; elles vivent en paix , excepté l'une d'elles, fixée à l'orient , qui ne vit que de pillages nocturnes , qui eft armée de lances & de zagayes empoifon‑nées : ils lancent une pierre avec tant de force & d'adreffe, qu'à cent pas de diftançe ils frap‑pent plufieurs fois de fuite un but de la lar‑geur d'un écu. On fe défend de l'attaque de ces voleurs en dreffant des taureaux, qui à leur approche fe raffemblent & s'oppofent à eux, jufqu'à ce qu'ils entendent la voix de leurs maîtres, à laquelle ils obéiffent avec la doci‑lité d'un chien : quelques-unes de ces tribus connaiffent l'art de fondre, de préparer le cui‑vre , & de travailler le fer : leurs chefs font riches en bétail , & couverts de peaux de lions , de tigres ou de zèbres, bordées de franges : ils s'oignent fouvent le corps d'une graiffe quel‑quefois rance , & quelquefois avec du beurre : l'amputation d'un tefticule, le tablier naturel des femmes nous ont paru exagéré , & n'être que des faits particuliers.

La baie du çap eft large , fûre & commode, ouverte aux vents de nord-oueft , qui rarement y foufflent avec force : près de la ville eft un

quai en bois, qui se prolonge assez loin pour
servir à la facilité des débarquemens & des em-
barquemens: des canaux y conduisent de l'eau
douce: on y entretient de grandes chaloupes
pour porter des provisions aux vaisseaux: à
l'orient de la ville, sur la grève, est un fort
quarré qui défend la baie, aidé des redoutes &
des batteries qui s'étendent le long de la côte;
mais ces défenses sont exposées à l'artillerie
des vaisseaux: la garnison est de 800 hommes,
& la milice du pays, rassémblée par des signaux,
peut assez promptement s'y joindre. Les Français de l'isle de France, tirerent en 1770, du
cap, 500,000 livres de bœuf, 400,000 de
fleur de farine, autant de biscuit, & 1200 tonneaux de vin.

Nous levâmes l'ancre & approchâmes de l'isle
Robe ou *Penquin*, dont les Hollandais nous
interdirent l'entrée, parce que c'est là qu'ils
réléguent les criminels, qu'ils y employent à
tirer de la pierre à chaux des carrieres, &
qu'un vaisseau Danois y en avait enlevé peu
de tems auparavant. Il ne nous arriva rien de
remarquable jusqu'au 29, que nous traversâ-
mes notre premier méridien, après avoir fait
le tour du globe du levant au couchant. Le

1 Mai, nous découvrîmes l'isle Ste. *Hélène*, & nous jetâmes l'ancre devant le fort *James*. L'isle est située au milieu de l'océan Atlantique, à 400 lieues de l'Afrique, à 600 de l'Amérique : c'est une montagne immense où la mer est fans fond : ellé fut le fommet d'un volcan : l'affaiffement de la terre qui forma fes vallées profondes, a été l'effet d'un feu fouterrain qui a confumé fes pierres, & les a amalguamées avec des corps étrangers, tels que la marçaffite. De loin, cette isle qui a 12 milles de long fur fix de large, ne préfente qu'un amas confus de rochers bornés par des précipices, compofés d'une pierre à moitié friable & fans indices de végétation. On découvre enfuite la vallée *Chapel*, où eft fituée la ville : fon fol eft revêtu d'une herbe clair-femée ; mais des rocs nuds la bordent : c'eft dans les vallées de l'intérieur qu'on découvre le plus de fertilité.

La ville eft fur le bord de la mer : fon églife, fes halles tombent en ruines, fes maifons font la plupart mal bâties ; tous les blancs y font Anglais ; la compagnie à qui Ste. Hélène appartient, ne leur permet pas d'y commercer : c'eft des rafraîchiffemens qu'ils fourniffent

aux vaiſſeaux, qu'ils tirent ſeuls leur ſubſiſ-
tance, & cependant ils ne cultivent pas le ſol
auſſi bien qu'il pourrait l'être ; elle pourrait
produire les végétaux & les fruits de l'Europe
& de l'Inde : ſur ſes hautes montagnes croît le
chou palmiſte ; ſur ſes côteaux proſpérent le
bois rouge & le gommier ; ſes plaines ſont couvertes de plantes d'Europe & des plus communes de celles des Indes ; on n'y entretient des
chevaux que pour la ſelle : tout le travail s'y
fait par des eſclaves, qui paraiſſent aſſez mi-
ſérables.

Parmi ſes productions, on peut compter l'é-
bène ; il eſt très-noir, & d'une dureté qui approche de celle du fer, mais il eſt très-rare :
on y trouve peu d'inſectes : ſur le ſommet des
plus hautes montagnes, on voit une eſpece de
ſerpent.

Nous ſortîmes de cette isle avec 13 vaiſſeaux, que le nôtre ne put ſuivre : nous ap-
prochions du terme de notre courſe, lorſque
mon lieutenant *Hicks* expira ; il était attaqué
de conſomption en quittant l'Angleterre, il en
fut conſumé durant tout notre voyage, mais
depuis notre arrivée à Batavia, il avait vu la
mort s'approcher rapidement. Ce fut ſeize jours

après que le même matelot qui découvrit la
Nouvelle Zélande, nous annonça les côtes de
notre patrie ; & le 12 Juin, nous jetâmes l'ancre à Douvres.

FIN DU TOME VII.